AF371070

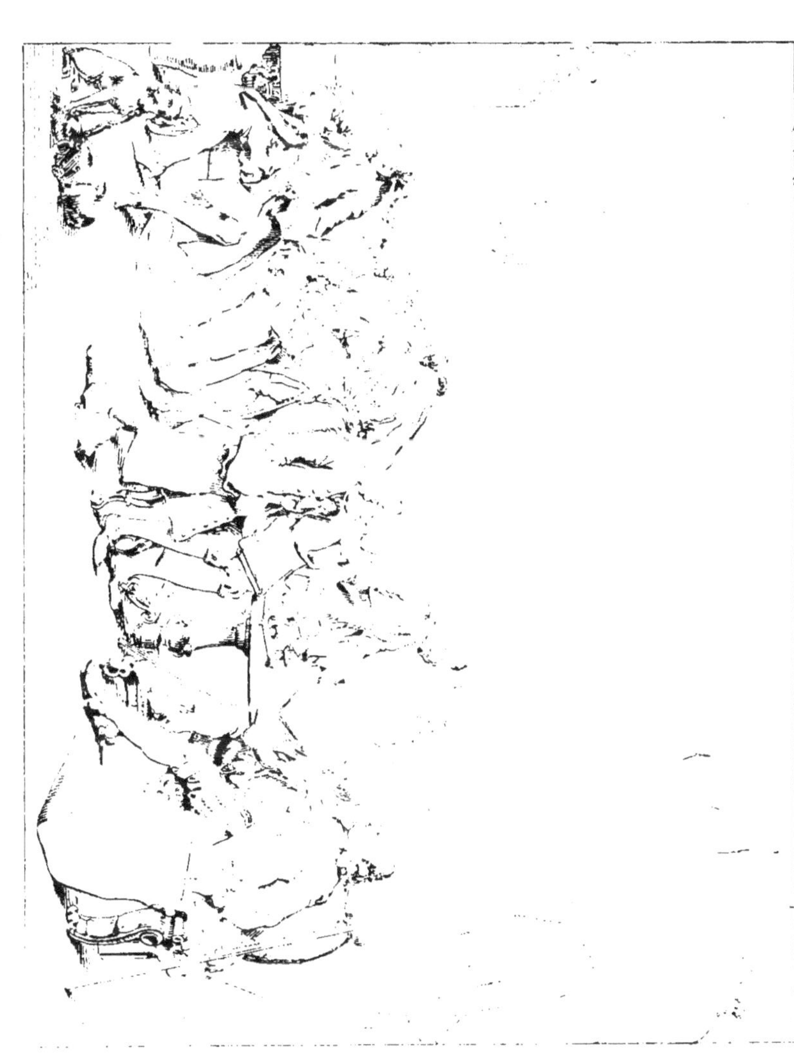

MARIAGE A LA MODE.

Le premier tableau de la série du Mariage à la mode représente les jeunes mariés, leurs pères et les différents avocats fort occupés des arrangements qu'entraîne une grande alliance. Le père de la jeune dame, bourgeois riche et cauteleux, ne fait guères attention à la généalogie de son gendre, déployée avec tant d'ostentation par le vieux goutteux, descendant de Guillaume-le-Conquérant, mais il examine fort minutieusement le contrat. Le jeune seigneur se détourne de son épouse pour jouir d'un plus grand plaisir, celui de s'admirer lui-même. La dame répond à cette froideur par un mépris dédaigneux; elle joue avec son anneau, et écoute volontiers les propos galants que le conseiller Silvertongue, jeune et insinuant avocat, lui chuchote à l'oreille; l'autre avocat s'occupe à contempler les nouveaux bâtiments de son noble client. On voit la dot sur la table; il y en a une portion qui paraît destinée à l'usurier, qui remet au comte le titre d'une hypothèque. Les deux chiens qui se trouvent liés ensemble, contre leur gré, sont l'emblème d'une union mal assortie. Les meubles, en accord avec la scène, servent aussi à en expliquer l'histoire. Une tête de Méduse fait l'ornement d'un lustre, les tableaux de Prométhée, de saint Sébastien et d'autres martyrs, se trouvent à l'entour : au moyen du portrait, Hogarth critique le mauvais goût que l'on voit souvent dans les ouvrages en ce genre.

Larg. : 2 pieds 9 pouces; haut. : 2 pieds 2 pouces.

MARRIAGE A LA MODE. N° I.

The first picture of the series of Marriage à la mode represents the youthful bride and bridegroom, their respective fathers, and the lawyers of each party busied in the arrangements consequent on the match. The lady's father, a wealthy and cautious citizen, pays little regard to the pedigree of his son-in-law, so ostentatiously displayed by the gouty descendant of William of Normandy; but he examines the marriage settlement with scrupulous attention. The young lord turns from his bride for the superior gratification of admiring his own person. The lady returns his coldness with sullen contempt, she plays with her wedding ring, and lends a willing ear to the whispered suggestions of counsellor Silvertongue, a young and insidious lawyer, while the advocate on the other side is engaged in admiring the new building of his noble client. The marriage portion is seen on the table, a part of it appears destined to the grasp of an usurer who returns a mortgage to the Earl. The two dogs, chained together against their inclinations, is emblematical of the ill-sorted union. The furniture of the apartment, strictly in keeping with the scene, farther illustrates the story. A Medusa's head ornaments a chandelier, pictures of Prometheus, St. Sebastian, and other sufferers, hang around, and in the portrait, Hogarth has satirized the bad taste discernible in many productions of that class.

Size : 2 feet 3 inches, by 2 feet 11 inches.

CHARLES II ET LA DUCHESSE D'ORLEANS.

Henriette d'Angleterre, fille de Charles Ier et sœur de Charles II et de Jacques II, épousa Philippe, duc d'Orléans, frère de Louis XIV. La beauté et les talents de cette princesse, sa fin prématurée et mystérieuse, et l'éloquence sublime que Bossuet déploya dans cette circonstance tragique, sont bien connus. La cour de France se tenant à Dunkerque en 1670, la duchesse alla voir son frère. Outre qu'elle se trouvait engagée à faire cette démarche par son amitié pour lui, elle y fut aussi poussée par plusieurs intrigues de cour. Ils se rencontrèrent donc à Douvres le 12 mai, et passèrent une dixaine de jours dans la joie et les fêtes. Henriette était accompagnée de plusieurs dames de distinction, dont une d'entre elles, Louise de Querouaille, fit une forte impression sur le cœur du monarque anglais : il l'invita à l'accompagner à Londres, la créa duchesse de Portsmouth, et vécut sous l'influence de cette femme pendant le reste de sa vie.

La rencontre de Charles avec sa sœur, événement fort important par ses suites, fut choisie comme sujet d'une des estampes de la belle édition de l'histoire d'Angleterre de Bowyer. L'artiste a rempli sa tâche avec beaucoup d'art, et, choisissant l'entrevue du roi avec mademoiselle de Querouaille pour principale action, il a relevé l'intérêt historique de son tableau : il a été bien gravé par William Bromley.

CHARLES II AND THE DUCHESS OF ORLEANS.

HENRIETTA of England, daughter of Charles I and sister of Charles II and James II, was married to Philip, duke of Orleans, brother of Louis XIV. The beauty and accomplishments of this princess, her premature and mysterious death, and the sublime display of eloquence which that tragical event elicited from Bossuet, are universally known. In 1670, the French court being at Dunkirk, the duchess paid her brother a visit; to which step, besides her natural affection, she was incited by many courtly artifices. Accordingly, on the 12th of May, they met at Dover, where they passed ten days in mirth and festivity. Henrietta was accompanied by several ladies of distinction, one of whom, Louise de Querouaille, made a deep impression on the heart of the British monarch, who, inviting her to London, and creating her duchess of Portsmouth, continued under the influence of the wily enchantress nearly all the rest of his life.

Charles's meeting with his sister, from its consequences, an event of considerable importance, was properly selected as one of the embellishments to Bowyer's superb edition of the History of England. The artist has skilfully performed his allotted task, and by judiciously making Mademoiselle de Querouaille's introduction to the King the principal action, has enhanced both the historical and pictorial interest of his performance : it has been cleverly engraved by William Bromley.

LES PAYSANS HOSPITALIERS,

Scène pastorale composée et peinte avec beaucoup de goût. Un voyageur âgé, accablé de fatigue, est tombé sur la route, près d'une chaumière. Les bons habitants de ces campagnes se hâtent de venir lui porter du secours, et lui donner des rafraîchissements. La beauté du paysage et l'arrangement des figures sont également admirables et caractéristiques; le dessin en est habile et naturel; l'intérêt s'y trouve relevé par la disposition des lumières larges et naturelles, et une harmonieuse fraîcheur de coloris provenant d'une imagination remplie des beautés de la nature dans toutes ses formes.

Ce charmant paysage a été fort habilement gravé par J. Scott.

THE BENEVOLENT COTTAGERS,

A pastoral scene composed and painted with great felicity. An aged pedestrian has sunk down by the road side overcome by fatigue, in the vicinity of a Cottage, whose kind-hearted inmates are seen hastening to afford him help and refreshment. The amenity of the landscape and the arrangement of the figures are alike admirable and characteristic, both are skilfully drawn, and the interest is successfully maintained and heightened by a broad and natural play of light, and an harmonious freshness of colour, emanating from a mind stored with the beauties of nature in all her forms.

This charming Landscape has been cleverly engraved by J. Scott.

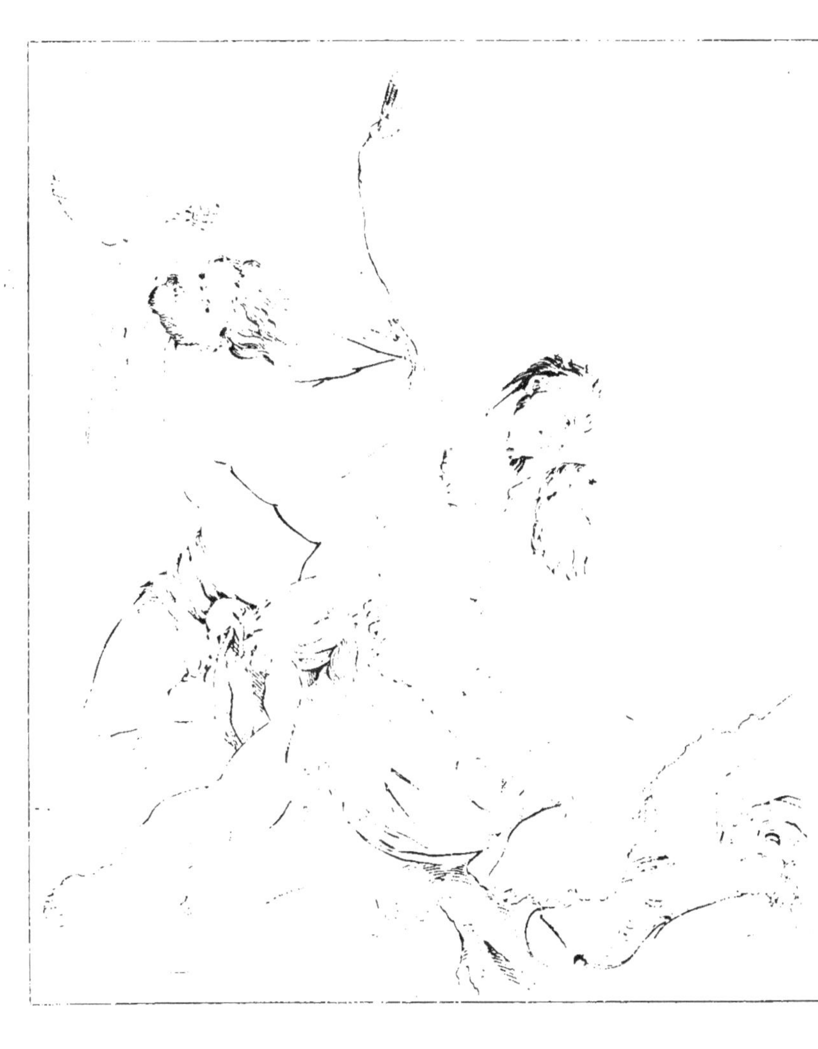

EURYDICE RAPPELÉE AUX ENFERS.

OVIDE raconte que les noces d'Orphée et d'Eurydice furent accompagnées de sinistres présages : ils ne tardèrent pas à se réaliser, car la nymphe mourut presque sur-le-champ de la piqûre d'un serpent. Le profond chagrin du chantre thrace lui inspira la téméraire hardiesse de visiter le séjour des morts, dans l'espoir que son épouse lui serait rendue. Il y descendit donc ; et, par les doux accords de sa lyre, il charma les divinités infernales, qui lui accordèrent sa prière, mais à condition de ne pas regarder derrière lui avant qu'il n'eût franchi les limites des enfers. Arrivé près de l'empire terrestre, le désir de revoir sa chère Eurydice lui fit oublier cette défense ; Orphée se retourna, et il ne revit sa bien-aimée que pour la perdre à jamais.

Cette aventure a toujours été un sujet de prédilection parmi les poëtes et les peintres. Protée, livre quatrième des Georgiques, la raconte dans tous ses détails à Aristée ; Thompson paraît avoir eu ce récit présent à l'esprit en composant ce beau tableau. L'artiste a choisi heureusement pour son sujet le moment le plus intéressant. On peut mettre ce tableau au rang des meilleurs ouvrages contemporains pour le dessin, l'expression, le clair-obscur et le coloris. Il a été gravé en mezzo-tinte par W. Say.

EURYDICE HURRIED BACK TO THE INFERNAL REGIONS.

Ovid relates that the nuptials of Orpheus and Eurydice were attended with inauspicious omens which were speedily verified by the almost immediate death of the nymph from the bite of a serpent. The excessive grief of the Thracian Bard inspired him with the daring idea of visiting the shades, in the hope of recovering his lost bride. He accordingly descended to the lower regions, where the powerful charms of his lyre prevailed with the infernal deities to grant his prayer, upon condition that, in returning, Orpheus should not look behind him until he had passed the uttermost bounds of Hell. His impatience to see his beloved Eurydice made him forget this injunction; on approaching the confines of Earth he turned round, but only saw her again to lose her irrecoverably.

This adventure has been a favourite subject with poets and painters; in the fourth Georgic Proteus relates it circumstantially to Aristeus, and the artist appears to have kept his narrative in mind in forming this beautiful composition : he has happily selected the most interesting moment for the action, and in point of drawing, expression, light and shade, and colour, this picture may be named among the most successful contemporary works. It has been engraved in mezzotinto by W. Say.

ÉPAMINONDAS.

Les noms de Pélopidas et d'Épaminondas seront à jamais distingués parmi les personnages célèbres qui ont voué leur vie entière au bonheur et à la gloire de leur patrie. Les exhortations et l'exemple de ces deux hommes illustres retirèrent leurs compatriotes d'une vile abjection, et élevèrent Thèbes à un point de gloire et de puissance jusqu'alors inconnu. Animés par l'influence de ces héros, les Thébains réclamèrent leur indépendance, combattirent et vainquirent leurs oppresseurs. Jamais avant les batailles de Tégyre et de Leuctres les Spartiates n'avaient été vaincus; mais dans ces batailles, et surtout dans la dernière, ils éprouvèrent une défaite signalée de forces inférieures menées et encouragées par ces deux amis que la mort seule pouvait séparer. Après que Pélopidas eut cessé de vivre, Épaminondas continua à servir son pays, jusqu'à ce que la bataille de Mantinée mit fin à ses triomphes et à sa vie. Ayant reçu un coup mortel d'une lance dont le fer était resté dans la blessure, et voyant qu'il fallait périr aussitôt qu'on l'arracherait, il continua à donner ses ordres. Recevant la certitude de la défaite des ennemis, il demanda à voir son bouclier, témoigna le bonheur qu'il éprouvait à mourir pour sa patrie, arracha le fer de sa plaie, et expira avec calme.

La fin magnanime de ce héros fut indiquée par Georges III comme sujet digne de former le pendant du tableau de Bayard: West le peignit pour ce monarque, en 1771, et reçut 300 guinées (7,500 francs) de son ouvrage, dont la conception et l'exécution annoncent beaucoup de talent. Il a été gravé à la manière noire par V. Green.

EPAMINONDAS.

The names of Pelopidas and Epaminondas will be for ever celebrated amongst those distinguished characters whose whole lives have been devoted to promoting the welfare and glory of their native country. The exhortations and example of this illustrious pair roused their countrymen from a state of abject depression and servility, and raised Thebes to a pitch of glory and power before unknown. Animated by their influence the Thebans boldly vindicated their own independence, and fought and conquered their oppressors. Never before the battles of Tegyra and Leuctra had the Spartans been overcome; in those engagements, and particularly in the latter, they were signally defeated by an inferior Theban force, conducted and inspired by these inseparable friends, whom death alone could disunite. After Pelopidas had paid the debt of Nature, Epaminondas continued to serve his country until the battle of Mantinea closed his triumphs and his life. Being mortally wounded by a spear, the head of which remained in the wound, and finding that he must die if it were extracted, he continued to give orders until he was assured that the enemy was defeated; then demanding to see his shield, and expressing his happiness in dying for his country, he tore out the weapon and calmly expired.

The patriotic end of this hero was designated by George III as an incident worthy to form a companion to the picture of Bayard, and West accordingly painted it for that monarch in 1771, and received 300 guineas for his performance : its conception and handling display considerable talent. It has been engraved by V. Green in mezzo-tinto.

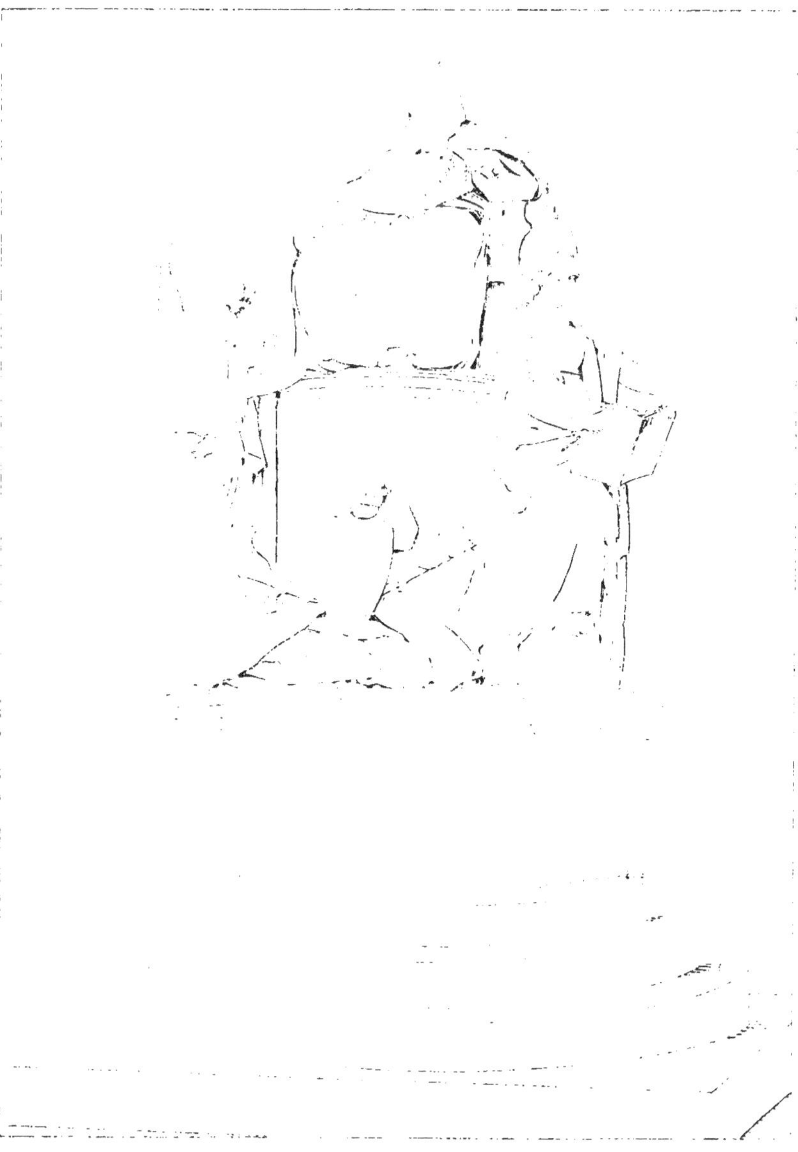

MONUMENT DE LORD MANSFIELD.

Érigé en l'honneur de William Murray, premier comte de Mansfield, grand-juge, etc., ce monument occupe à juste titre un emplacement dans la croisée ou traverse septentrionale de l'abbaye de Westminster, d'où il est vu avantageusement. Il représente ce grand magistrat assis sur le banc de justice et appuyé sur un piédestal circulaire. Près de lui sont la Sagesse, la Justice et la Mort; celle-ci est sous la figure d'un jeune homme, la tête appuyée sur un bras et entourée de l'autre; de chaque côté de cette figure est sculpté un autel funéraire, il y a aussi près de ce personnage une torche renversée. Les figures sont de grandeur naturelle. Sur le plinthe est une inscription en anglais commençant par ces vers de Pope :

> Here Murray, long enough his country's pride,
> Is now no more than Tully, or than Hyde.

Flaxman reçut pour ce magnifique monument 2,500 liv. st. (environ 60,000 francs), montant d'un legs qu'un particulier destina à cet objet, en reconnaissance de ce qu'il avait recouvré, par le talent de lord Mansfield, un bien considérable.

MONUMENT OF LORD MANSFIELD.

THE monument erected in honour of William Murray, first Earl of Mansfield, Lord Chief Justice, etc., etc., deservedly occupies a commanding situation in the north Transept of Westminster Abbey. It represents the great luminary of the Law, seated in a curule chair, resting on a circular pedestal, around are placed statues of Wisdom, Justice and Death, the latter is personified by the reclining figure of a youth leaning his head on one arm, while the other is folded over it; at each side of this figure is sculptured a funeral altar, and near him the inverted torch : the figures are of the size of life. On the base is an inscription in English, commencing with the lines of Pope :

> Here Murray, long enough his country's pride,
> Is now no more than Tully, or than Hyde.

For the execution of this splendid sepulchral trophy, Flaxman received L. 2500, being the amount of a sum gratefully bequeathed for that purpose by an individual who had recovered possession of a considerable property through the professional exertions of lord Mansfield.

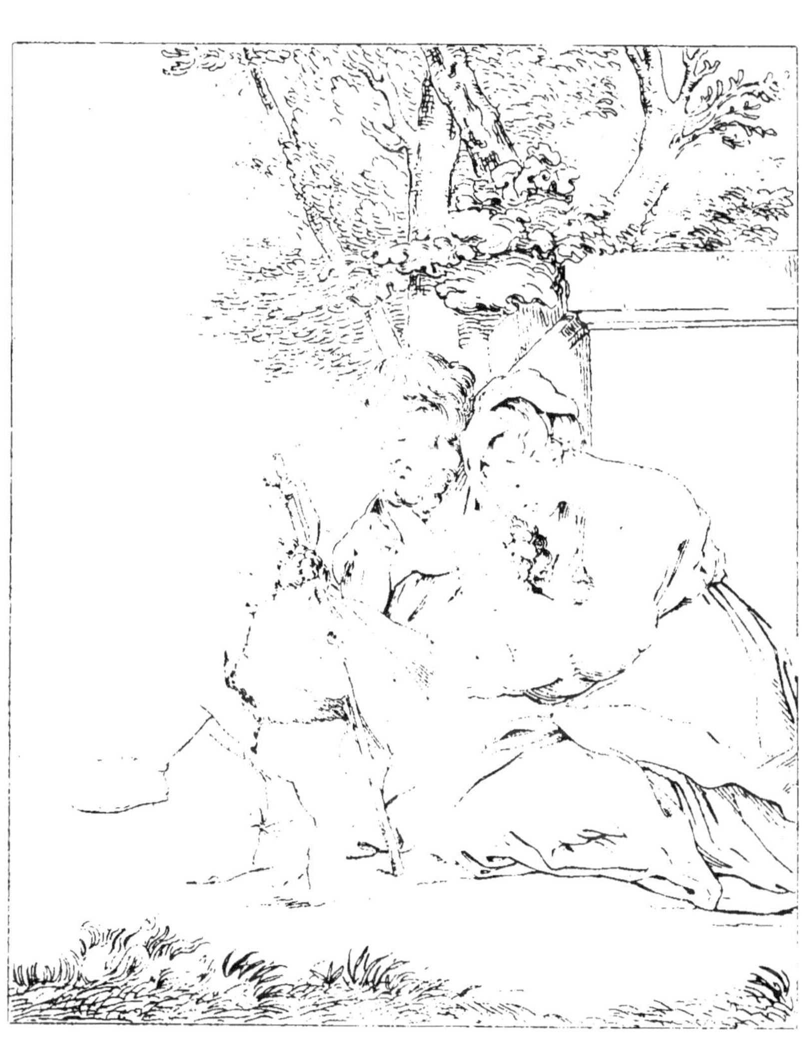

SAINTE FAMILLE.

Il se trouve tant de répétitions de ce sujet parmi les magnifiques tableaux des grands maîtres italiens, et chacune entraînant à l'admiration par le développement de quelque difficulté de l'art, qu'un peindre moderne ne peut guères l'entreprendre avec avantage. Quoique venant à la suite des plus célèbres artistes, Reynolds, dans son tableau de la Sainte Famille, a bien soutenu la réputation qu'il s'était déja acquise. Un calme, un air de simplicité et d'innocence règne dans toute la composition; les figures y sont dessinées avec netteté et précision, et elles ont de la grâce plutôt qu'un caractère imposant. Mais on remarque surtout l'excellence de cette composition dans la bonne entente du clair-obscur et dans le coloris riche et harmonieux.

Macklin, éditeur d'une belle édition de la Bible, donna 500 guinées (12,500 francs) à sir Josué Reynolds pour ce tableau, et, après l'avoir fait graver par W. Sharp, il le vendit à lord Gwydir 700 guinées (17,500 francs). Les directeurs de l'Institution Britannique l'ont acheté dernièrement 1995 liv. st. (environ 49,875 francs), et l'ont présenté à la Galerie Nationale.

Outre la superbe gravure de Sharp, il existe deux ou trois autres petites estampes de ce tableau.

Haut. : 6 pieds 1 pouce; larg. : 5 pieds 5 $\frac{1}{2}$ pouces.

THE HOLY FAMILY.

THE glorious productions of the great Italian masters in-
clude so many repetitions of this favourite subject, all commanding our admiration by the display of some of the higher
qualities of Art, that a modern Painter approaches it under
immense disadvantages. Yet, although following in the track
of the most eminent of his profession, Reynolds in the Picture
of the Holy Family fully sustained his previous reputation.
An air of repose, simplicity, and innocence, pervades the
whole compositon ; the figures are drawn with great attention
to correctness, and have a graceful rather than dignified
character : but the chief excellencies of this production consist in its masterly arrangement of light and shade, and its
rich and harmonious colouring.

Macklin, the publisher of the splendid edition of the Bible
paid sir Joshua 500 guineas for this Picture, and, after caus-
ing it to be engraved by W. Sharp, sold it to lord Gwydir for
700 guineas : it has recently been purchased by the Directors
of the British Institution for L. 1995, and presented to the
National Gallery.

Besides the masterly engraving of Sharp there exist two
or three smaller prints of this Picture.

Size : 6 feet 5 inches, by 5 feet 9 $\frac{1}{2}$ inches.

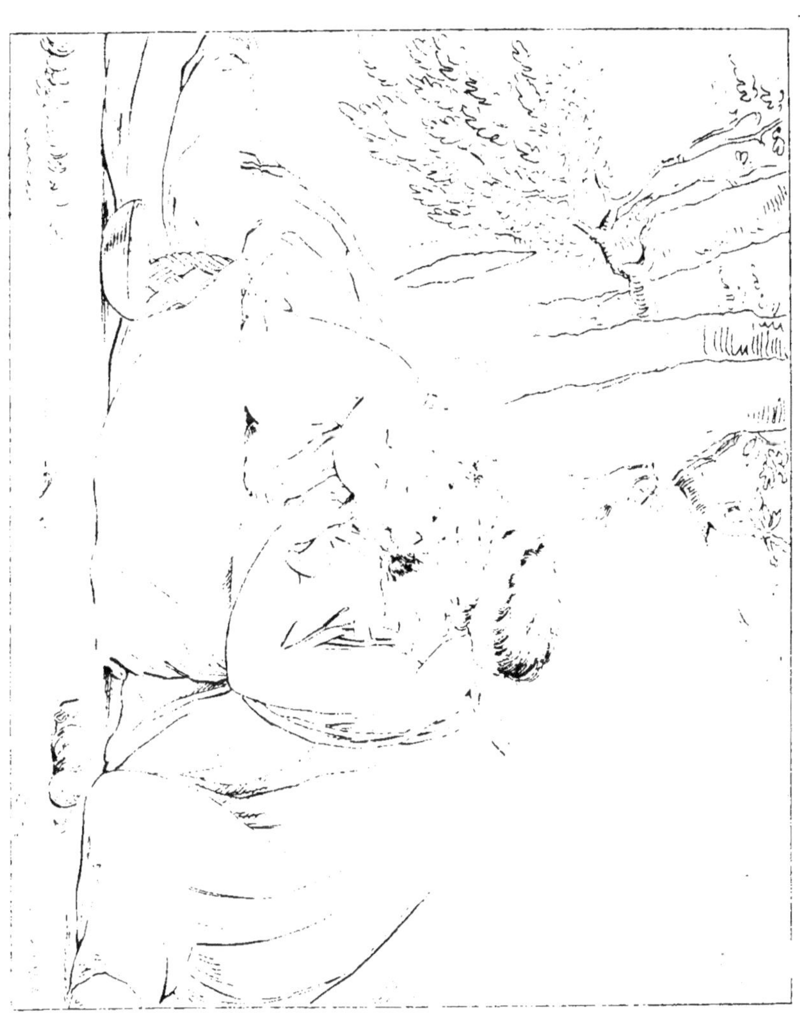

ÉDUCATION DE SHAKSPEARE.

Il y a lieu de présumer que cette composition doit son origine à la rivalité qui existait entre Romney et Reynolds. Quoique le tableau de sir Josué Reynolds, Garrick entre la Tragédie et la Comédie, ait de grandes beautés, néanmoins il y a un défaut marquant, celui d'allier des personnages réels avec d'autres qui ne sont qu'allégoriques. Romney, dont le goût aperçut cette erreur, trouva le moyen de l'éviter, en représentant le Barde dans son enfance : de cette manière toutes les figures se trouvent être idéales. L'enfant chéri de la Poésie est assis entre la Tragédie et la Comédie, qui veillent attentivement à son éducation, et en partagent le plaisir.

Ce tableau, conçu poétiquement, est dessiné avec soin; le caractère des têtes est supérieurement rendu, le clair-obscur est large et imposant : il a été gravé par B. Smith pour les deux séries du Shakspeare de Boydell.

SHAKSPEARE NURSED BY TRAGEDY AND COMEDY.

THIS production, in all probability, owes its origin to the well-known rivalry which existed between Romney and Reynolds. Sir Joshua's picture of Garrick hesitating between Tragedy and Comedy, though possessing many beauties, is yet radically defective from its union of real with imaginary personages. Romney's discernement, while it pointed out this fault, suggested likewise a mode of avoiding a similar error, by representing his hero in the state of Infancy, and making all the figures ideal. He has seated the favoured child of Poesy between the Tragic and the Comic Muse, who emulously watch over his nurture and share the pleasure of his instruction.

This Picture is poetically conceived and carefully drawn, the characters of the heads are finely rendered, the light and shade broad and imposing; it was engraved by B. Smith for each size of Boydell's Shaksperian Illustrations.

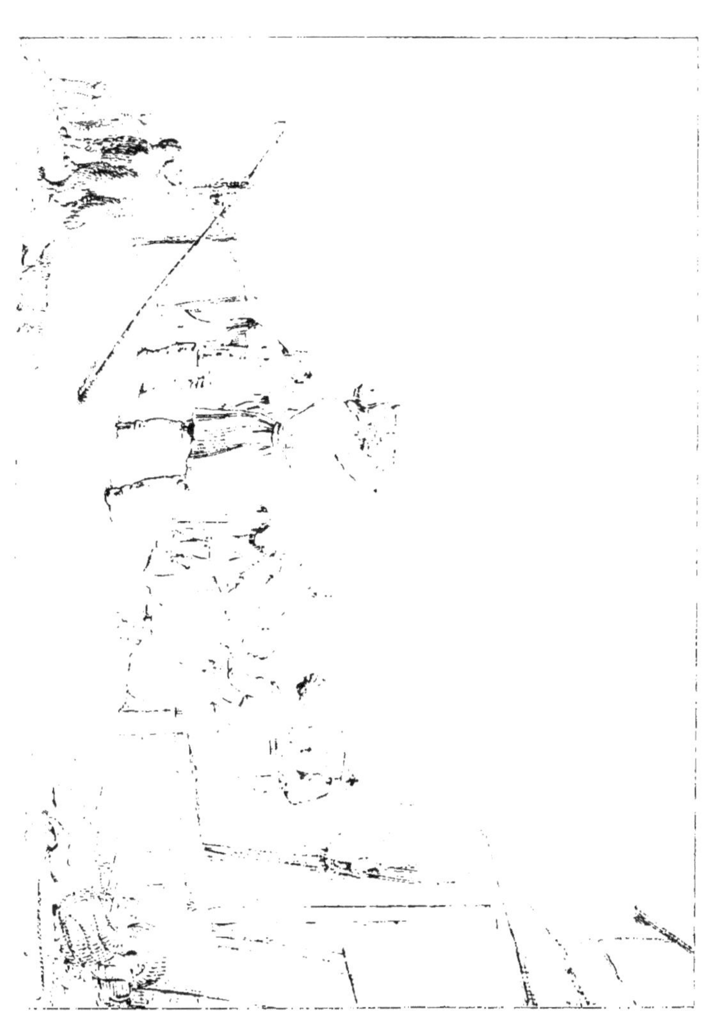

DÉPART DU PÈCHEUR.

La scène de ce tableau se passe devant la chaumière d'un pêcheur, sur une côte entourée de rochers. A la porte de cette humble demeure est assise la femme du marin. Les enfants s'empressent autour de leur père, qui est sur le point de partir pour ses occupations ordinaires. Ses compagnons n'attendent que son arrivée pour mettre au large. La lanterne indique que leur absence se prolongera dans la nuit; les nuages qui s'amoncèlent, et le sombre aspect du soleil couchant, annoncent une tempête certaine; l'idée des fatigues, des dangers et des difficultés à surmonter, rend ce départ fort intéressant.

La conception ainsi que la composition de ce charmant tableau de chevalet est bien soutenue par un coloris harmonieux et une touche délicate. Il a été gravé avec goût par Cha. Rolls.

THE FISHERMAN'S DEPARTURE.

The scene of this picture passes before a Fisherman's cottage, situated on a rocky coast. At the door of their humble dwelling is seated the Fisherman's wife, and his children press round to take a farewell of their father, who is on the point of departing to follow his accustomed occupation; his companions await but his arrival to put off from shore. The lantern shows that his absence will be prolonged through the night, the gathering clouds and lurid aspect of the setting Sun indicate the probability of a storm, and the sentiment of toil and perils to be encountered, and of difficulties to be overcome, renders such a departure an incident of no common interest.

The conception and composition of this admired cabinet picture is effectively sustained by its harmonious colour and delicate pencilling. It has been prettily engraved by Cha. Rolls.

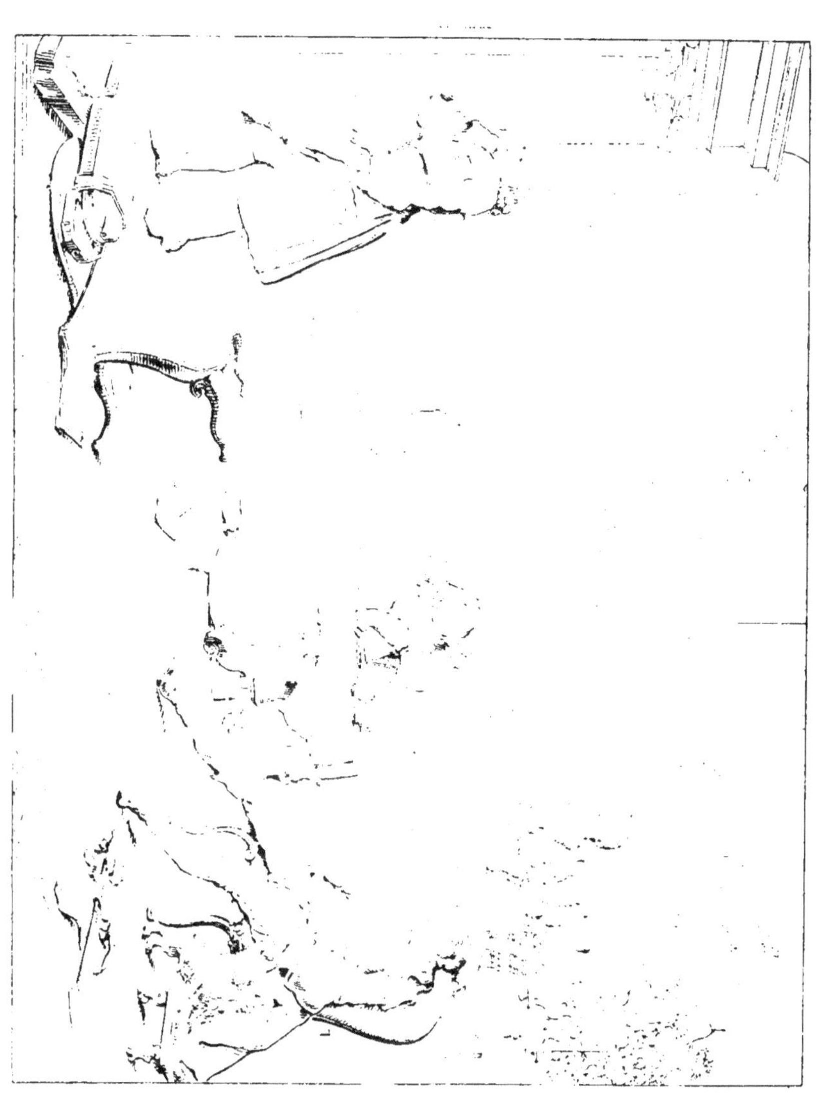

MARIAGE A LA MODE, N° II.

Les titres qu'un père avare avait recherchés pour sa fille, et les richesses que celui du jeune homme avait désirées, étant obtenus de part et d'autre, la mort du vieux noble a mis le jeune couple à même de jouir pleinement de leur rang et de leur fortune : ce second tableau nous fait connaître l'usage qu'ils font de ces avantages. La scène est dans un salon fastueux ; la dame en deshabillé est assise à déjeûner, elle vient de se regarder dans un miroir de poche, et l'on voit qu'elle souffre encore de la fatigue qu'a dû lui occasionner un *rout* qui évidemment a formé l'amusement de la veille ; on aperçoit encore les cartes, les instrumens et les livres de musique en désordre. Son mari vient de rentrer, après avoir passé la nuit hors de chez lui, et l'on devine de quelle manière, par son épée rompue et une coiffure de femme qui pend de sa poche. C'est en vain que le vieil intendant a présenté une poignée de mémoires à payer ; plus loin, on voit un domestique qui parait pleinement imbu de toute l'insouciance de ses maîtres. Le buste avec la perruque et le nez endommagé, pour indiquer que c'est un vrai antique, le tableau de Cupidon avec une musette, et la pendule entourée d'un feuillage dans lequel se trouvent un chat, deux poissons et un gros mandarin chinois, marquent le goût et le jugement des maîtres du logis.

Larg. : 2 pieds 9 pouces ; haut. : 2 pieds 2 pouces.

MARRIAGE A LA MODE. N° II.

The title sought by one sordid parent and the wealth coveted by the other being obtained, and the death of the old peer having admitted the young couple to the full enjoyment of rank and affluence, the second picture informs us of the uses they make of those advantages. The scene is laid in a gaudy saloon, the lady, en deshabille, is seated at her breakfast table, she has been contemplating her face in a pocket-mirror, and is suffering from the lassitude of a rout; which from the cards, musical books, and instruments, on the floor, and the disorder of the whole apartment, evidently formed the preceeding evening's amusement. Her husband has just returned home after passing the night abroad, in what manner may be inferred from his broken sword, and the portion of female head attire which peeps from his pocket. The old family Steward has in vain presented a handful of unpaid bills to his master's notice; in the distance, a servant appears imbued with the reckless spirit of his superiors. The bust with a wig and a damaged nose to mark it a genuine antique, the picture of Cupid with the bag-pipes, and the time piece enveloped in foliage in which are seen a cat, two fishes, and a squab Chinese, exemplify the taste and judgment of the hero and heroine.

Size : 2 feet 3 inches, by 2 feet 11 inches.

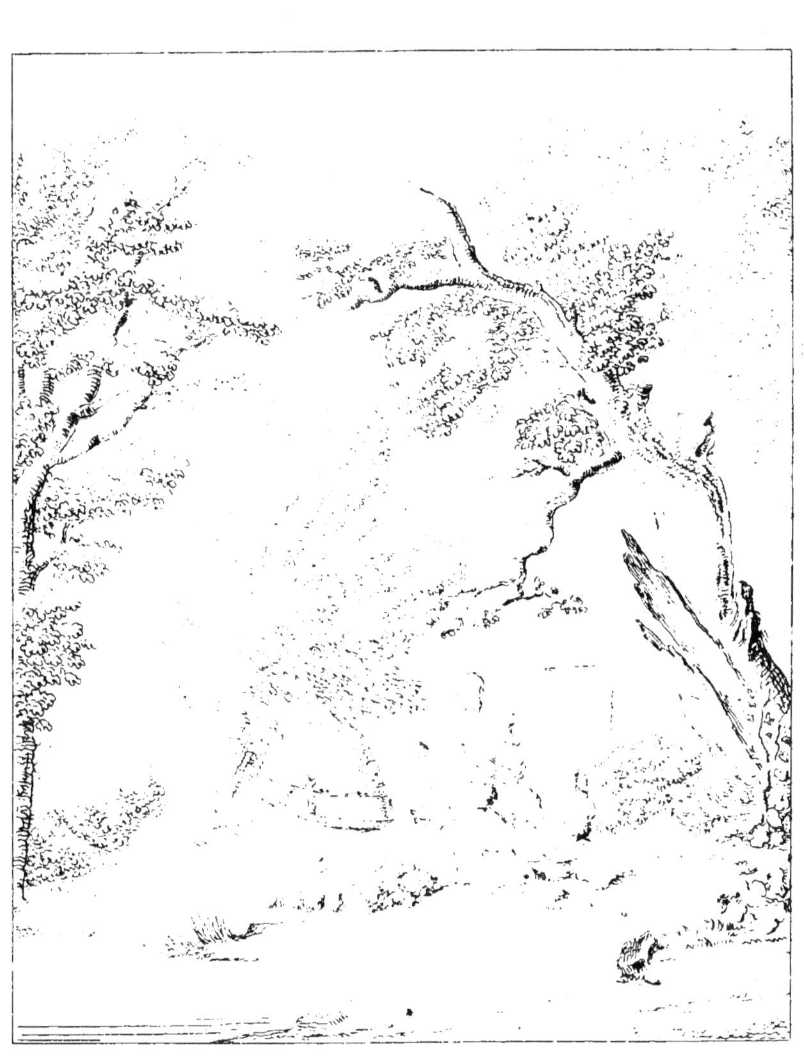

LA CHAUMIÈRE.

Cette scène champêtre est composée et peinte avec le talent accoutumé de Gainsborough : peut-être ce tableau est-il un de ceux qu'il a le plus soignés. Il se distingue par des tons riches, brillants, et un pinceau fort délicat. Le peintre le céda en 1786 à F. Harvey Esqr de Catton, dans le comté de Norfolk; en 1807, il appartint à M^r. Coppin de Norwich, et fut bientôt après acquis par sir John Leicester, lord de Tabley, pour sa galerie de tableaux peints par des artistes anglais : il a été bien gravé par J. Scott.

Haut. : 4 pieds 6 pouces; larg. : 3 pieds 7 pouces.

THE COTTAGE DOOR.

THIS rustic scene is composed and painted with Gainsborough's customary felicity; it is perhaps one of his most carefully finished pictures, and is distinguished by great richness and brilliancy of tone, and delicacy of pencilling. It was purchased of the painter, in 1786, by T. Harvey, Esq. of Catton, in Norfolk, became the property of Mr. Coppin of Norwich, in 1807, and was soon after acquired by sir John Leicester, Lord De Tabley, for his Gallery of Pictures by British Artists. It has been engraved by J. Scott.

Size : 4 feet 9 inches by 3 feet 10 inches.

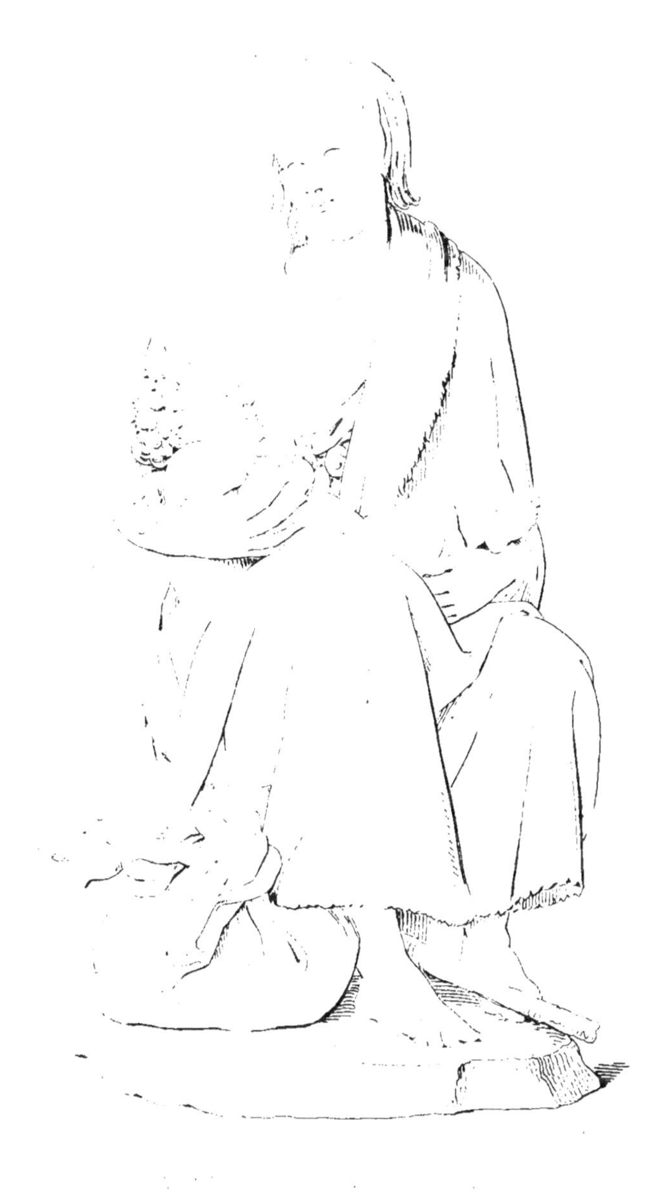

MONUMENT DE Mme WARREN.

Il y a dans ce groupe une expression naïve et une vérité qui contraste avantageusement avec les nombreuses personnifications allégoriques dont la sculpture se sert si souvent pour s'expliquer. La composition en est fort pure et simple, elle inspire le sentiment de la faiblesse et de l'incertitude des jouissances de ce monde : le travail est très-soigné. Ce monument se trouve dans la croisée ou traverse septentrionale de l'abbaye de Westminster; il a été érigé à la mémoire de Mme E. Warren, veuve du Docteur Warren, Évêque de Bangor, morte au mois de mars 1806.

MONUMENT OF Mʀˢ. WARREN.

THERE is an air of unaffected nature and truth in this group, which contrasts advantageously with the numerous insipid allegorical personifications that Sculpture has so frequently chosen for its vehicles of expression. The design is eminently chaste and simple, and forcibly conveys a sentiment of the weakness and instability of sublunary enjoyment; the manual execution is of the most highly finished description. It is erected in the North Transept of Westminster Abbey to the memory of the relict of Dr. Warren, Bishop of Bangor. Mrs E. Warren who died March, 1816.

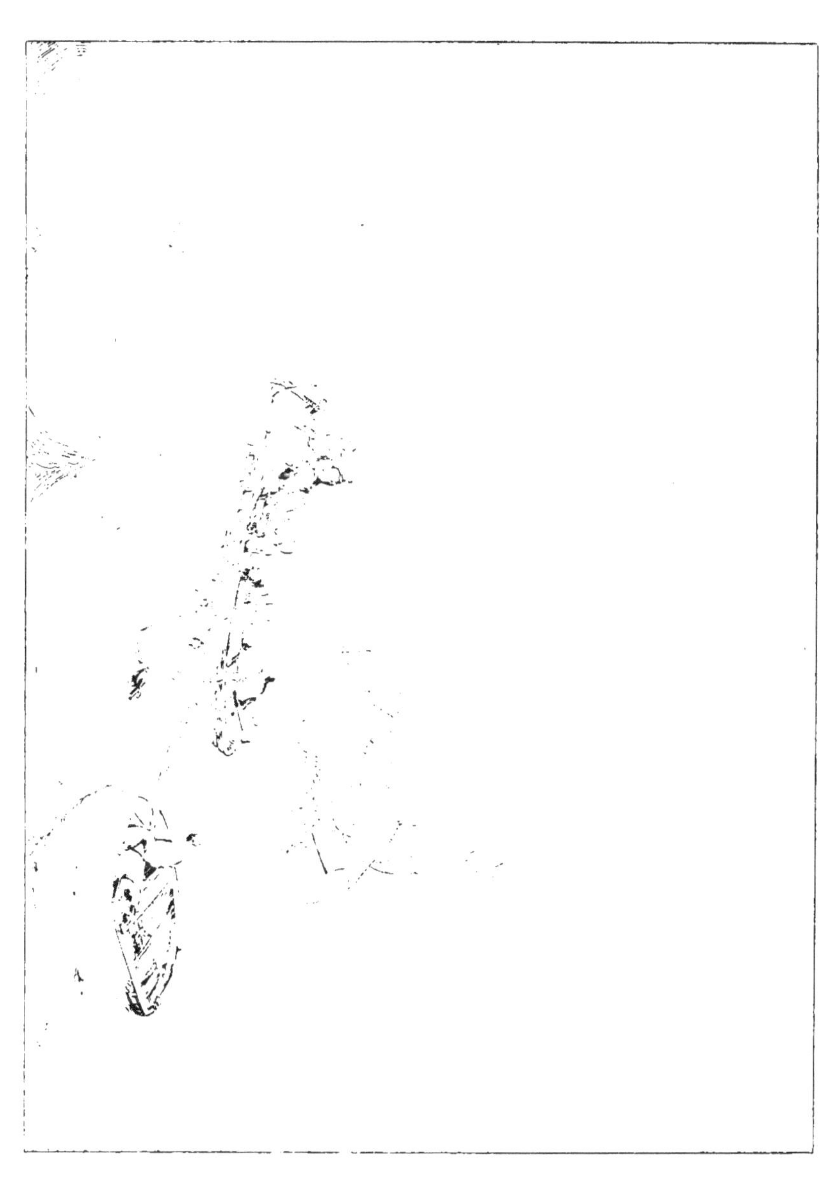

SAUVETEURS PRÈS DU FORT ROUGE.

Ce tableau intéressant est une représentation hardie du fort à l'entrée de Calais. A gauche, on voit la pointe de la jetée; dans le lointain, à droite du fort, on aperçoit les tours de l'hôtel-de-ville et le phare. Un vaisseau vient d'échouer sur le sable, à peu de distance de la jetée, et les sauveteurs, dans leurs bateaux, sont occupés à remplir leurs fonctions.

La composition de ce tableau, ainsi que la manière dont le sujet est traité, est pleine de goût; la profondeur, la transparence de l'eau, et les teintes atmosphériques du ciel, sont relevées par une touche ferme et vigoureuse, mais toujours délicate, avec laquelle le peintre a su rendre les figures, les navires, ainsi que ce vieil édifice, si pittoresque, formant le principal objet qui attire l'attention. Il a été gravé en mezzotinte par J. P. Quilley.

WRECKERS OFF FORT ROUGE.

This interesting picture is a spirited representation of the Block House, at the entrance of Calais Harbour. The head of the pier is seen to the left, and the towers of the Hotel de Ville and Light House appear in the distance to the right of the Fort. A vessel has struck on the sands, not far from the pier, and the wreckers are busy in their boats in the free exercise of their vocation.

The composition and treatment of this subject is replete with taste; the depth and transparency of the water, and the atmospheric tints of the sky, are improved and heightened by the firm and vigorous, yet delicate, touch with which the Artist has rendered the figures, the vessels, and the picturesque old building, which forms the principal object.

It has been well engraved in mezzo-tinto by J. P. Quilley.

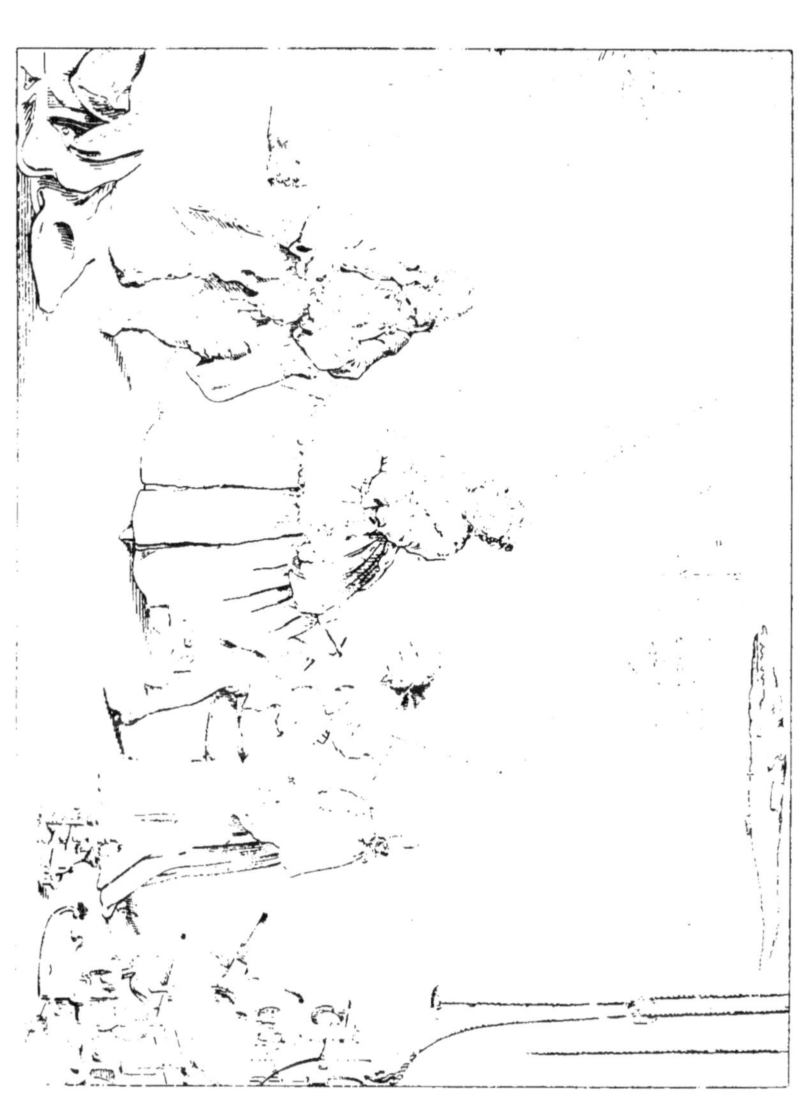

MARIAGE A LA MODE, N° III.

Cette troisième scène de l'histoire d'un intérieur développe plus particulièrement le caractère dissipé du mari. On le voit dans la maison d'un malheureux charlatan que le jeune noble menace de sa canne en se plaignant de la déception dont le *docteur* s'est servi à son égard, aidé d'une complice; on devine facilement le vile métier de celle-ci : l'empirique cherche à s'excuser le mieux qu'il peut; mais la femme, vraie furie, prend un couteau qu'elle ouvre, voulant venger cette imputation à sa *probité*. La cause première de ce fracas, une jeune protégée du noble, se tient debout à côté de lui avec beaucoup de réserve. Au second plan on aperçoit, sous une montre, un corps desséché entre un squelette et la tête-à-perruque de notre sage; l'ensemble figure une consultation de médecins : les deux machines, sur le devant, construites d'après les principes les plus compliqués, et qui sont accompagnées d'un gros in-folio, pour en expliquer l'usage, savoir la manière de remettre l'os du cou et celle de tirer un bouchon, annoncent les profondes connaissances du disciple de Galien.

Larg. : 2 pieds 9 pouces; haut. : 2 pieds 2 pouces.

MARRIAGE A LA MODE. N° III.

The third scene of this domestic history farther developes the dissipation of the husband. He is here exhibited in the house of a needy empiric, whom the enraged nobleman menaces with his uplifted cane as he complains of the deception put upon him by the " doctor," and his accomplice, a masculine virago of a procuress; the quack is stammering at an excuse, the woman furiously unclasps a knife to revenge the attack on her probity : the cause of this altercation, his lordship's protégée, is seen standing demurely at his side. In the background a dried body in a glass case is placed between a skeleton and the sage's wig-block, and the assemblage forms the symbol of a consultation of physicians; and two machines in the foreground, constructed upon most complicated principles, and which are accompanied by a ponderous folio elucidating their respective uses in setting the collar bone, and in drawing a cork, farther testify the multifarious acquisitions of the son of Galen.

Size : 2 feet 3 inches, by 3 feet 11 inches.

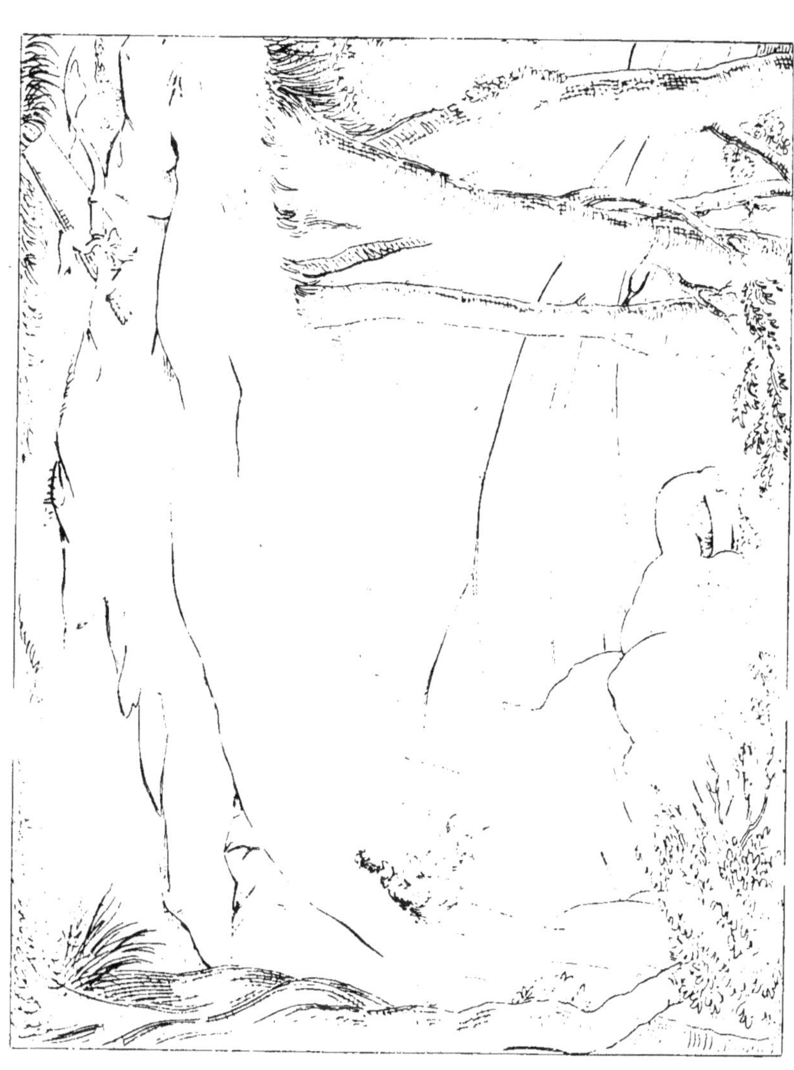

NYMPHE ENDORMIE.

HOPPNER jouissait de la faveur du public, et plusieurs personnes l'estimaient, dans le genre du portrait, peu inférieur à Reynolds qu'il s'était proposé d'imiter : de là son talent se portait presque entièrement sur cette partie secondaire de la peinture, et son pinceau n'a fourni que peu de tableaux historiques ou de genre. On le regrette d'autant plus qu'il avait une imagination poétique et un esprit fort cultivé ; le sujet que nous donnons ici en est une preuve. Le tableau de la Nymphe endormie est composé et peint avec fidélité et hardiesse ; le coloris en est riche et harmonieux : il fut exposé à l'Académie Royale, en 1807. L'excellence des chairs et la manière habile dont le fond est traité le firent beaucoup remarquer. Il a fait partie de la collection de feu lord de Tabley, et a été gravé avec goût par E. Smith.

Larg. : 5 pieds 2 pouces ; haut. : 4 pieds 1 pouce.

A SLEEPING NYMPH.

A large portion of public favour was enjoyed by Hoppner, who was regarded by many as little inferior in portraiture to his avowed prototype Reynolds; hence his practice lay almost entirely in an inferior walk of art, and historical and fancy subjects from his pencil are of very rare occurrence. This is to be regretted as he possessed a poetical mind and high acquirements, of which the proof is before us. The picture of a Sleeping Nymph is composed and drawn with accuracy and spirit, and the colouring is rich and harmonious : it was exhibited at the Royal Academy in 1807, and generally noticed for the excellence of the carnations, and the skilful handling of the background. It formed part of the collection of the late Lord De Tabley, and has been neatly engraved by E. Smith.

Size : 4 feet 4 inches, by 5 feet 6 inches.

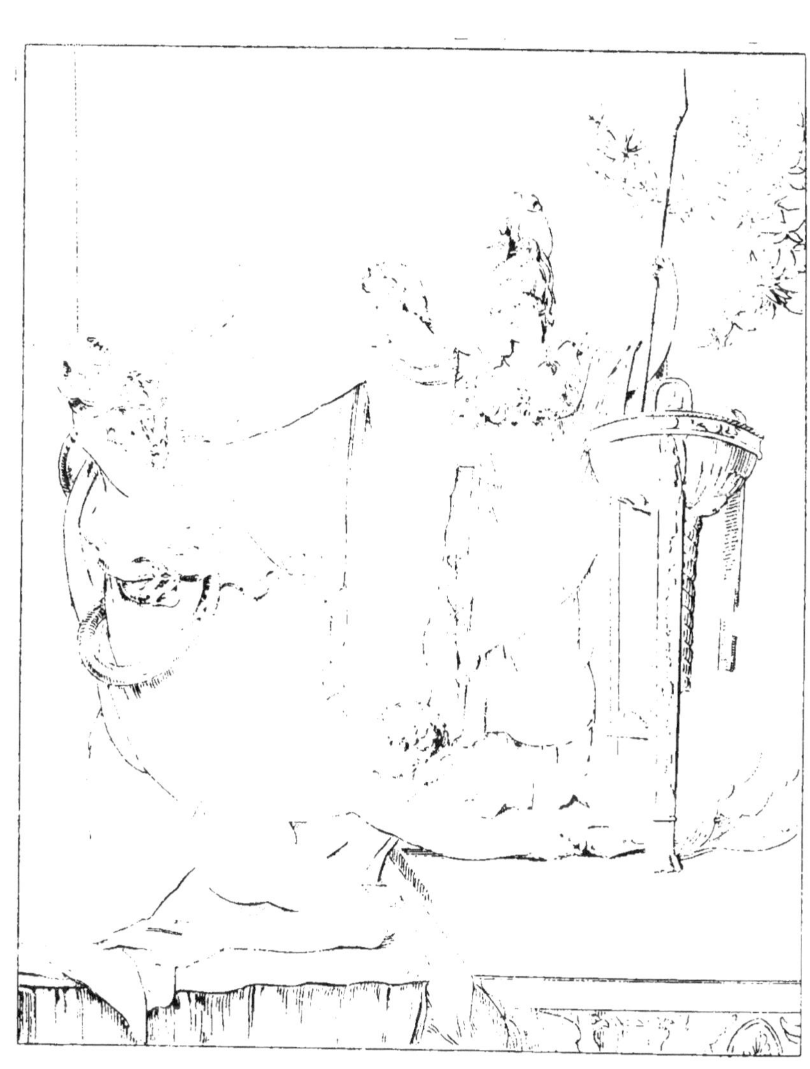

REMORDS D'ORESTE.

ORESTE, fils d'Agamemnon et de Clytemnestre, poussé par l'oracle à tuer sa mère pour venger la mort de son père, fut poursuivi par les furies, jusqu'à ce qu'il en fut délivré par l'intervention d'Apollon et de Minerve.

Parmi les écrits des plus célèbres tragédiens grecs qui nous sont parvenus, Eschyle, Sophocle et Euripide ont laissé de nombreux drames fondés sur les aventures d'Oreste et de sa famille; mais on ne peut douter que d'autres tragédies basées sur les mêmes faits n'aient été perdues. Une histoire aussi intéressante devait naturellement attirer l'attention des artistes grecs, et l'on trouve dans plusieurs collections des sculptures, des vases, ou d'autres objets qui représentent différents incidents de la vie du prince argien.

L'idée première du tableau que nous donnons ici est prise d'un grand vase travaillé grossièrement : on y voit Oreste à genoux entre Apollon et Minerve, il implore leur protection contre la vengeance des Euménides : tel est le sujet de cette composition originale et pleine de goût. On a remarqué que l'action n'est strictement conforme à aucune des tragédies grecques que l'on connaisse; mais il est probable, comme l'a suggéré M. Millin, que le peintre a voulu représenter une scène tirée de quelque drame qui ne nous sera pas parvenu.

Ce tableau a été peint pour Thomas Hope, Esqr, à qui appartient le vase antique : il a été gravé par W. Bond.

EXPIATION OF ORESTES.

ORESTES, the son of Agamemnon and Clytemnestra, being induced by an oracle to murder his mother in revenge for his father's death, was pursued by the Furies, who haunted him incessantly, until, by the intervention of Apollo and Minerva, he was delivered from his tormentors.

Among the writings of the most celebrated Greek Tragedians that have come down to us, Æschylus, Sophocles, and Euripides, have left several dramas founded on the adventures of Orestes, and there can be no doubt that others, derived from the same source, have been lost. A story possessing points of such intense and general interest would also naturally engage the attention of the Greek artist, accordingly we meet with sculpture, vases, etc., in various collections representing incidents from the life of the Argive prince.

A large vase whereon is rudely depicted Orestes kneeling between Apollo and Minerva and claiming their protection from the vengeance of the Eumenides, has given the idea of the subject of the present picture, an original and tasteful performance. It has been remarked that the action of this composition is not strictly conformable to any of the Greek plays we are acquainted with, and it is probable, as has been suggested by Millin, that the painter of the vase intended to represent a scene from a drama that has not descended to us.

This picture was painted for the proprietor of the ancient vase alluded to, Thomas Hope Esquire; and has been engraved by W. Bond.

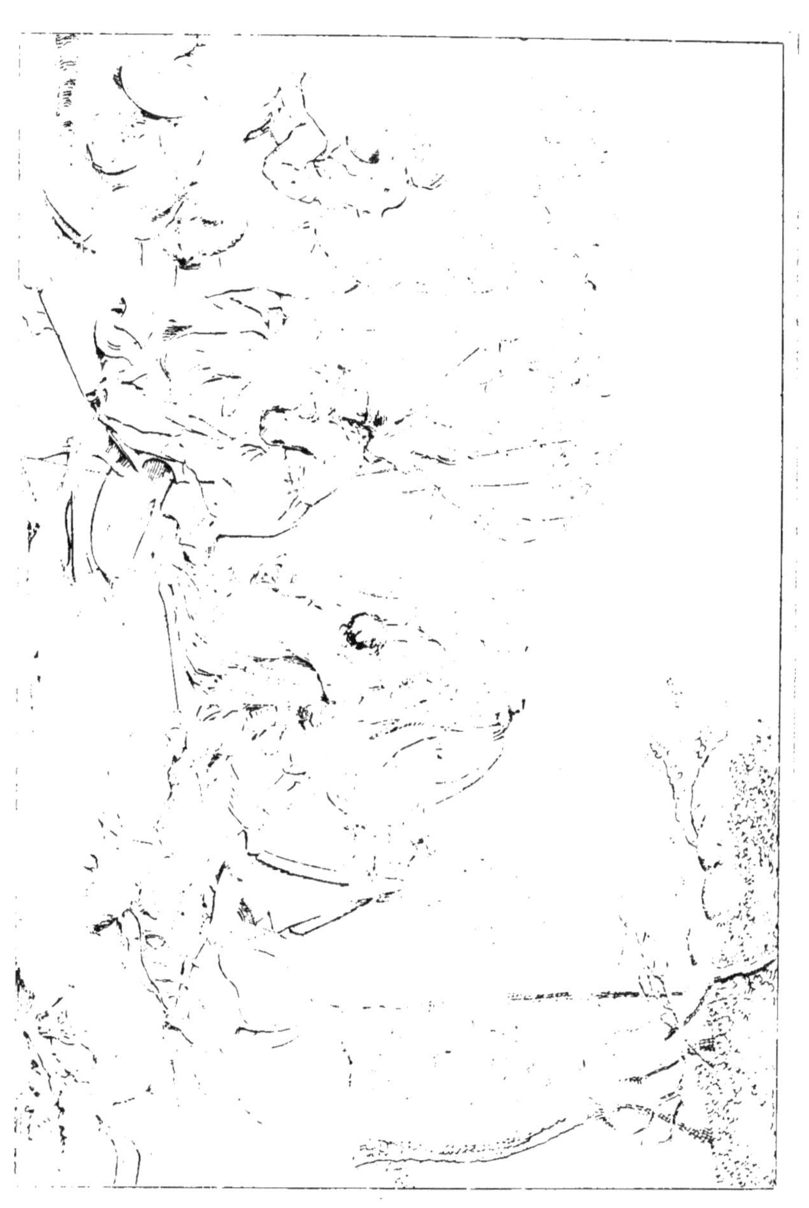

CHEVY CHASE.

Le sujet de ce tableau se trouve dans l'ancienne ballade populaire intitulée *Chevy Chase*. Ici le peintre a représenté le champ de bataille, le lendemain du combat entre les chefs rivaux, Percy et Douglas.

Le principal groupe se compose de Lady Percy et de sa suite ; elle est à genoux, le corps de son mari devant elle ; le cœur navré de chagrin, elle se presse le front avec une véhémence qui excite les craintes de son fils ; un vieux médecin cherche à la consoler ; un page, appuyé sur le bouclier du guerrier mort, réfléchit avec tristesse sur le sort de son maître. Plus loin, on voit des personnes occupées à ôter le casque d'un des morts qu'une jeune femme reconnaît. A gauche, on voit le corps de Douglas porté par ses soldats et précédé de sa bannière armoriale ; au-dessous, une épouse infortunée baigne de ses larmes la main inanimée de son mari ; plus près du premier plan, un moine offre les consolations de la religion à un soldat blessé ; un chien veille sur le corps de son maître. Entre ce groupe et Lady Percy, est une jeune femme penchée sur le corps d'un chef écossais que ses suivants vont emporter. A l'entour on voit des armes, des boucliers, etc. : un cerf mort indique l'origine de cette malheureuse lutte.

Ce beau tableau a été acquis par le marquis de Stafford qui le paya 3oo guinées (7,5oo francs). Il a été gravé à la manière noire par J. Young, et au burin par C. Heath.

Larg. : 2 pieds 9 ¾ pouces ; haut. : 2 pieds.

CHEVY CHASE.

The popular old ballad of Chevy Chase has supplied the subject of the annexed picture. It represents the field of battle the day after the conflict between the rival chieftains, Percy and Douglas.

> Next day did many widowes come,
>   Their husbands to bewayle;
> They washt their wounds in brinish teares,
>   But all wold not prevayle.
>
> Their bodyes, bathed in purple gore,
>   They bare with them away :
> They kist them dead a thousand times,
>   Ere they were cladd in clay.
>
> Percy's *Reliques*, vol. 1.

The principal group is composed of lady Percy and her attendants; she is kneeling with the corpse of her husband before her, and presses her burning brain in a transport of grief which alarms her son, an old leech endeavours to console her, and a page leaning on the fallen warrior's shield expressively contemplates his master's fate. Behind are figures engaged in removing the helmet of one of the slain who is recognized by a female. On the left, preceeded by his armorial banner, the body of Douglas is born off by his soldiers; below is seated a poor wretch who bathes the lifeless hand of her husband with unavailing tears : nearer the foreground a friar is administring the consolations of religion to a wounded soldier, and a dog is seen watching the inanimate form of his master. Between these figures and lady Percy, a young female is bending over the corpse of a Scottish chief, which the attendants are about to remove. Around are scattered arms, shields, etc., and a slain deer indicates the origin of the strife.

This masterly production was purchased for 3oo guineas by the marquis of Stafford. It has been engraved in mezzotinto by J. Young, and in lines by C. Heath.

Size : 2 feet 1 ⅓ inches by 3 feet.

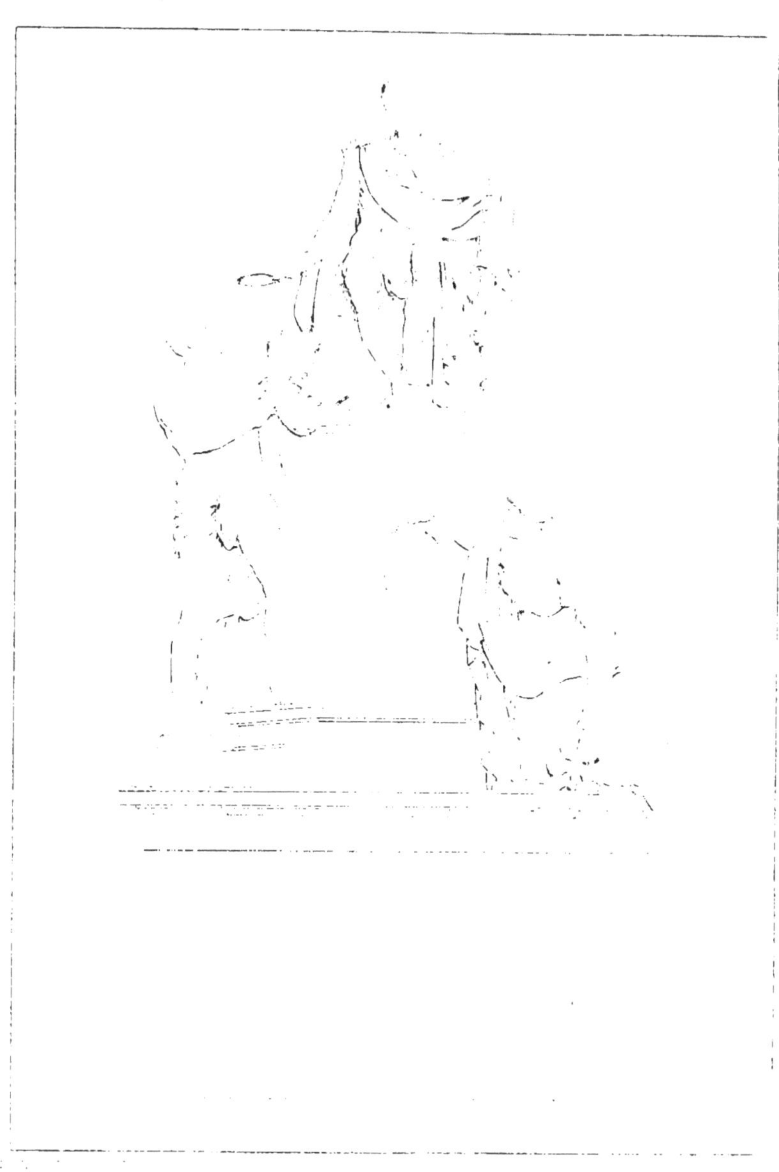

STATUE DU MARQUIS DE WELLESLEY.

Ce groupe a été fait en 1815; il est érigé à Bombay en l'honneur du marquis de Wellesley : il rappelle le souvenir des avantages que l'on éprouva dans les possessions orientales des Anglais, pendant l'administration du noble marquis, lorsqu'il remplit les hautes fonctions de gouverneur-général de ces contrées. Le principal personnage represente lord Wellesley assis, vêtu du manteau de l'Ordre de la Jarretière : un militaire indien lui offre les trophées qu'il a remportés sur le champ de bataille, sous les auspices de ce gouverneur-general. Le commerce anglais, représenté sous la figure d'une femme, attache au piédestal un médaillon sur lequel est écrit, en anglais, *Sagesse, Pénétration, Activité*.

STATUE OF THE MARQUIS WELLESLEY.

THIS honorary group was executed in 1815 and is erected at Bombay. It is intended to perpetuate the remembrance of the benefits derived from the noble Marquis's administration of the important functions of Governor General of our Eastern possessions. The principal figure is lord Wellesley, seated, in the robes of the order of the Garter; an Asiatic soldier offers to him the trophies he has won in the field, under the Governor General's auspices, and receives the wreath due to his valour, while a female figure, representing British Commerce, attaches to the pedestal a medallion inscribed : " *Wisdom, Penetration, Promptitude.* "

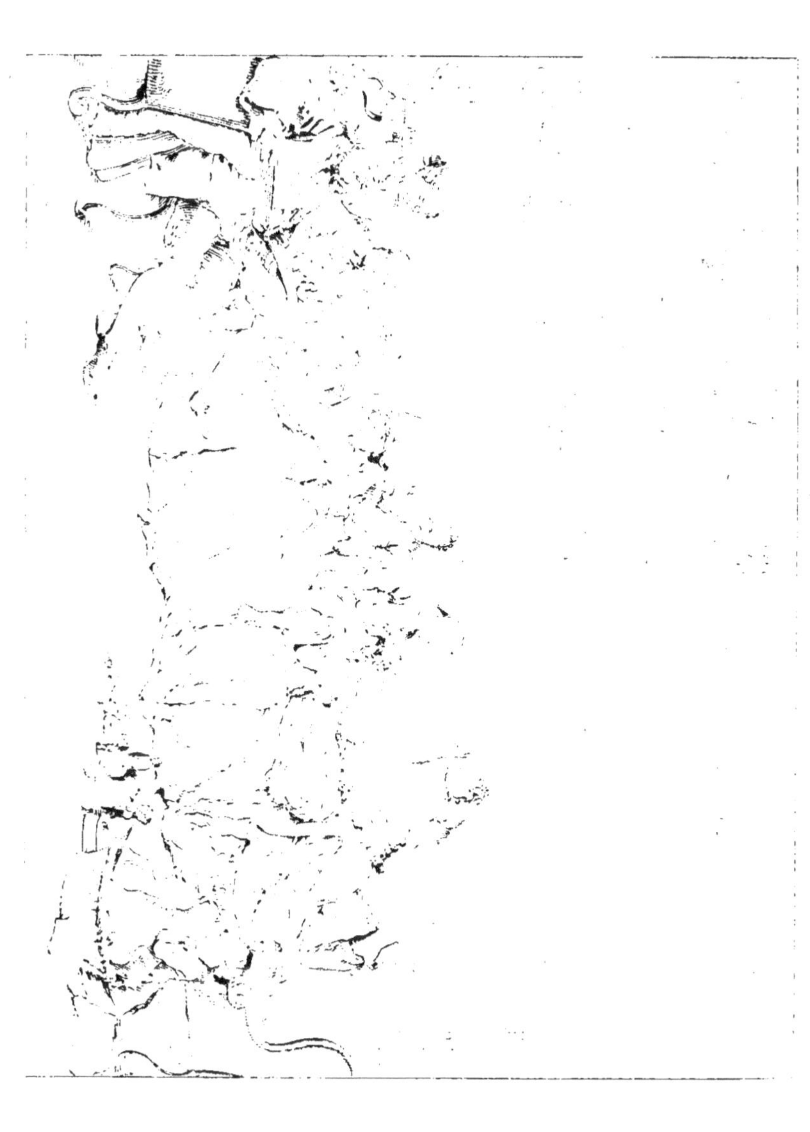

MARIAGE A LA MODE, N° IV.

Ce quatrième tableau nous introduit à la toilette du matin de la dame. Jeune et sans expérience, négligée de son mari, entourée de fats et de fripons de toute espèce, elle donne sans hésitation dans les folies du siècle. Elle se fait coiffer par un *artiste* étranger. Carestini, le chanteur italien, accompagné d'un autre célèbre *virtuose*, qui joue de la flûte, ravit une foule de *dilettanti :* mais la jeune comtesse se contentant de soudoyer *des talents extraordinaires*, ne croit pas qu'il soit nécessaire de simuler de l'admiration pour ce qu'elle ne peut sentir ni comprendre. Elle est en conversation avec l'avocat Silvertongue, qui ne l'a pas perdue de vue un instant depuis son malheureux mariage : il attire son attention sur un tableau qui représente un bal masqué, lui montrant en même temps un billet d'entrée pour une semblable réunion. On voit par là qu'ils se donnent un rendez-vous qui, sans doute, doit avoir lieu sous peu de jours. Sur le devant du tableau est un petit nègre qui examine une collection d'objets de *virtù*, et qui montre d'une manière significative une figure d'Actéon. Le cabinet de la dame est orné des tableaux d'Io, de Loth et ses filles, et du portrait de l'avocat galant, la main dans son gilet comme Hudson, peintre célèbre de son temps, posait ses modèles.

Larg. : 2 pieds 9 pouces : haut : 2 pieds 2 pouces.

MARRIAGE A LA MODE, N° IV.

By the Fourth Picture we are introduced to the morning levee of the Lady. Young and without experience, neglected by her Husband, and beset by knaves and coxcombs of every shade, she launches into all the fashionable extravagances of the time : her hair is dressed by a foreign *Artiste*, and Carestini, the Italian singer, accompanied on the Flute by another pampered exotic, is enchanting a listening tribe of Amateurs. But the young Countess, content with subsidizing the Professors, does not deem it necessary to affect an admiration of what she neither feels nor understands; she is engaged in earnest conversation with the gallant Counsellor, Silvertongue, who appears not to have lost sight of her from the time of her unhappy marriage : he points to the painting of a Masquerade, and shows a ticket for a similiar entertainment, thus evidently making an assignation for an approaching evening. In the foreground a black boy, who is examining a collection of articles of *virtù*, points significantly to a figure of Acteon. Pictures of Io, Lot and his daughters, and a Portrait of the Counsellor, with one hand in his waistcoat in the style of Hudson, decorate the Lady's apartment.

Size : 2 feet 3 inches, by 2 feet 11 inches.

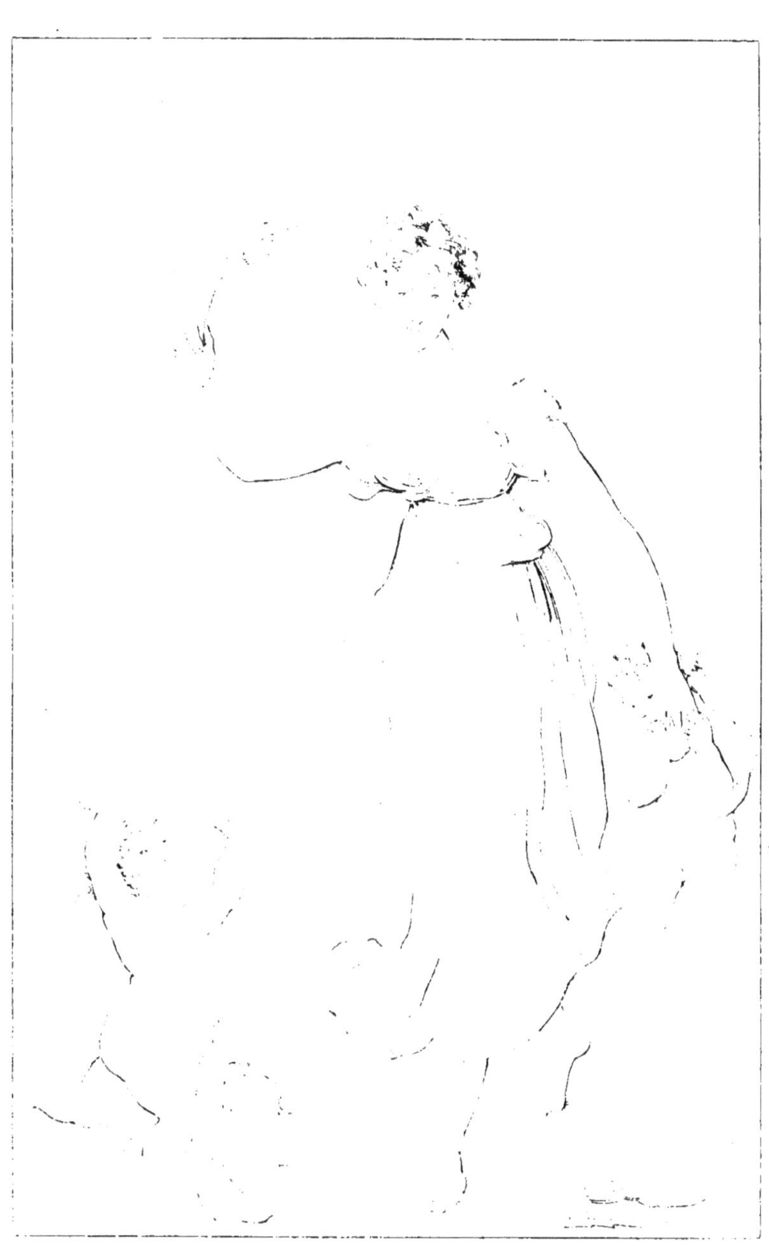

L'ESPÉRANCE.

C'est *le Masque de Cupidon*, livre 3ᵉ, de *la Reine-Fée*, par le poète Spencer, qui a fourni au peintre les attributs poétiques qui font le charme de ce beau portrait de lady de Tabley. On peut le compter parmi les tableaux de sir Thomas Lawrence où il a le mieux réussi : on y admire une composition gracieuse, un dessin pur, une couleur fidèle et brillante, un fini précieux.

Haut. : 7 pieds 4 pouces ; larg. : 4 pieds 6 pouces.

HOPE.

With him went Hope in rancke, a handsome mayd,
Of chearefull looke and lovely to behold;
In silken samite she was light arayd,
And her fayre lockes were woven up in gold :
She alway smyld, and in her hand did hold
An holy-water-sprinckle, dipt in dewe,
With which she sprinckled favours manifold
On whom she list, and did great liking shewe,
Great liking unto many, but true love to fewe.

SPENSER.

The Masque of Cupid in the third book of the Faery
Queene supplied the Artist with the poetical attributes that
impart an additional charm and interest to this admirable
portrait of Lady De Tabley, which may be cited among the
most successful of Lawrence's pictures for graceful composition, for its drawing, truth and brilliancy of colour, and
careful finishing.

Size : 7 feet 10 inches, by 4 feet 10 inches.

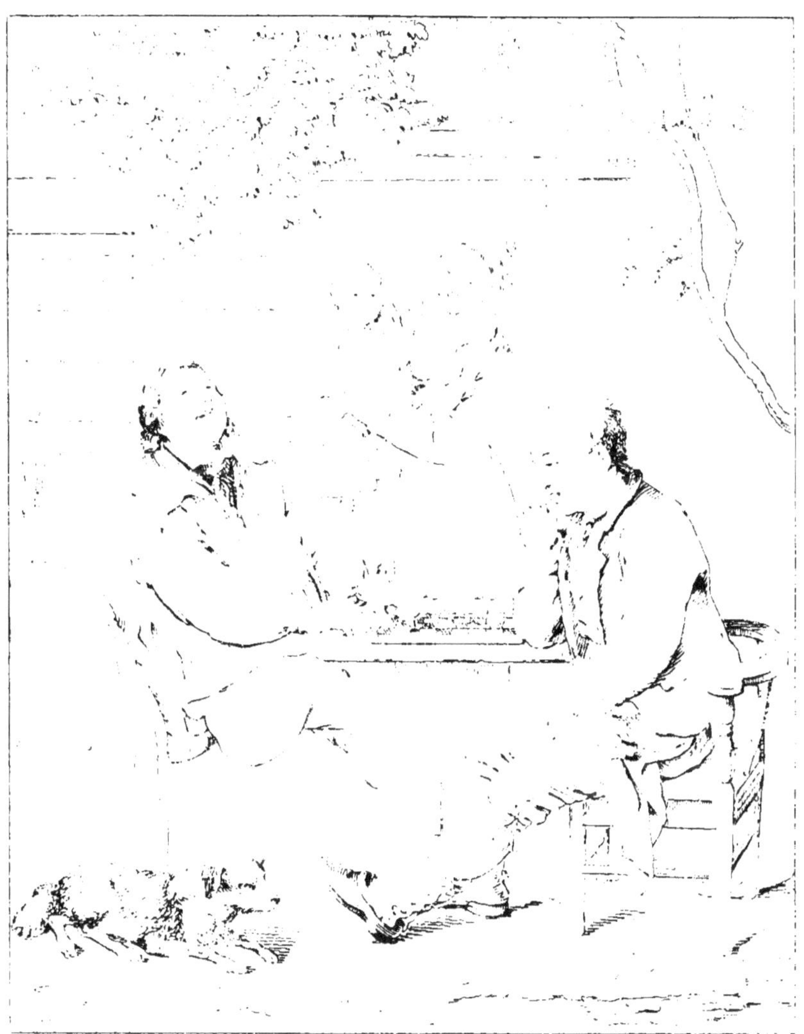

LES JOUEURS DE DAMES.

Les Joueurs de Dames est un de ces sujets également compris et admirés de chacun, soit du connaisseur, de l'artiste ou de l'homme ignorant; cet avantage est dû à ce que le peintre a fidèlement suivi les principes de l'Art et de la Nature. L'histoire est bien indiquée, la composition bonne, le dessin pur, l'expression et le clair-obscur sont corrects et hardis. Ce tableau a été habillement gravé par Burnet lui-même; mais il existe deux ou trois mauvaises copies de sa planche.

DRAUGHT PLAYERS.

The Draught Players is one of those performances which is understood and admired, as well by the uninformed and casual observer, as by the Amateur and Professional Artist from its close adherence to the principles of Art and Nature. The story is effectively told, the composition and drawing good, the expression, and light and shade, correct and forcible. It has been skilfully engraved by the Painter himself, and two or three inferior copies are in circulation.

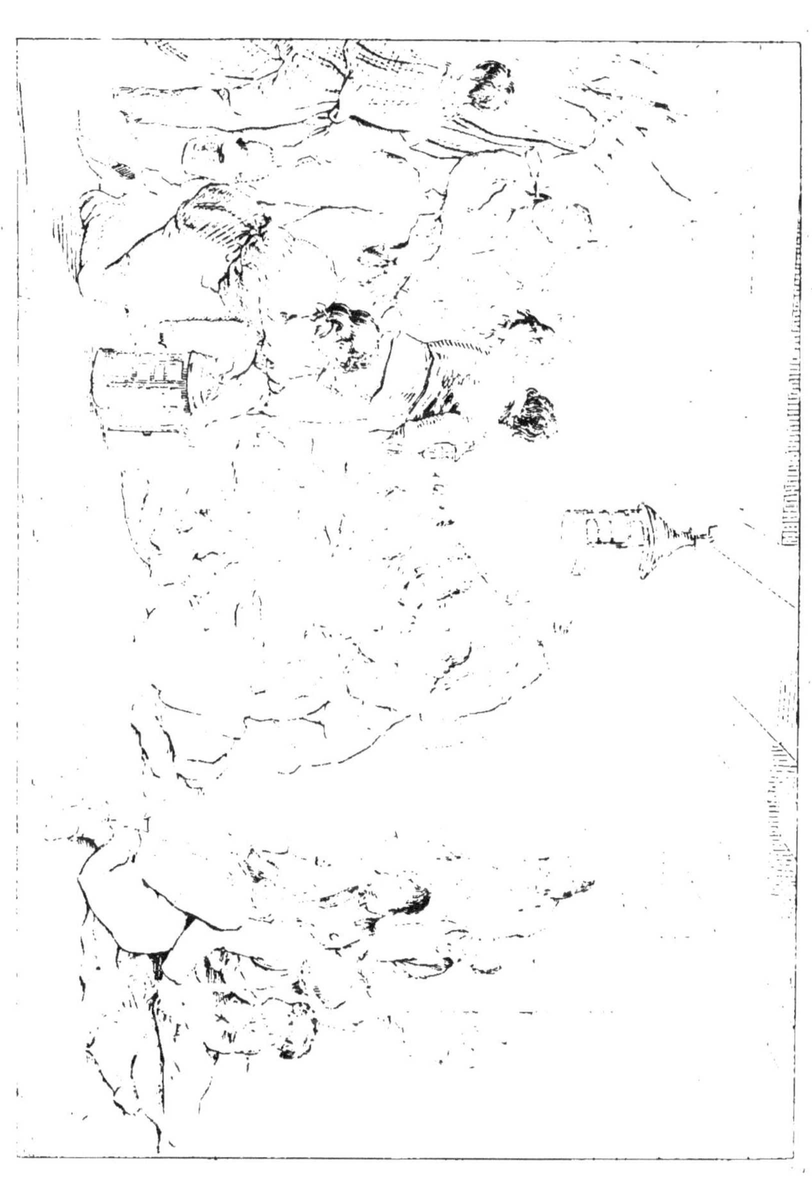

MORT DE NELSON.

La bataille décisive entre la flotte anglaise, composée de vingt-sept vaisseaux de ligne, et celle des Français et des Espagnols qui se montait à trente-trois vaisseaux de ligne, se donna le 21 octobre 1805, près du cap Trafalgar. La flotte alliée perdit vingt vaisseaux, mais les Anglais acquirent cette belle victoire par la mort de l'amiral Nelson, qui fut mortellement blessé d'un coup de fusil dès le commencement de l'action.

Le tableau donné ici est une fidèle représentation de l'évènement qu'il consacre, ayant été composé à bord du vaisseau de Nelson, peu de temps après le combat. L'artiste fut à même de grouper les individus tels qu'ils étaient à l'entour de leur commandant, dans ses derniers moments. Cette circonstance donne à cette composition une vérité identique que l'on ne rencontre que rarement. Le moment que le peintre a choisi est celui où le capitaine, sir Thomas Hardy, annonce combien de vaisseaux ennemis ont baissé le pavillon. On voit l'aumônier, le Dr Scott, tenant sa main sur la poitrine de Nelson; le commissaire des vivres, Mr Burke, soutient l'oreiller; le chirurgien, Mr Beatty, tâte le pouls de l'amiral qui expire; le commis des vivres guette avec inquiétude la physionomie du chirurgien. L'officier blessé et le soldat de la marine à droite, ainsi que l'officier et les matelots à gauche, sont bien caractérisés. L'ordonnance et le sentiment de ce beau tableau sont bien soutenus par l'excellent arrangement du clair-obscur. Il a été gravé par W. Bond pour la maison Boydell.

DEATH OF NELSON.

The glorious and decisive battle off Cape Trafalgar, between the English Fleet of Twenty-seven, and the French and Spanish Fleets of Thirty-three sail of the line, was fought October 21.st 1805. The combined Fleets sustained a loss of Twenty Vessels; but the Victory was purchased by the death of the heroic Nelson, who was mortally wounded by a musket ball, early in the action.

The annexed picture is a faithful representation of the event it records, being composed on board Nelson's ship, shortly after the battle, and where the Artist was allowed to group the individuals present exactly as they were in attendance on their dying commander in his last moments. Hence it has a truth and identity about it that can rarely be attained. The time chosen is that when Captain Sir Thomas Hardy announced the number of the hostile fleet which had struck their colours : D^r. Scott, the Chaplain, is seen with his hand on Nelson's breast, the Purser, M^r. Burke, supports the pillow; the Surgeon, D^r. Beatty, is feeling the pulse of the expiring Admiral; and the Steward eagerly watches the expression of the surgeon's countenance. The wounded Officer and Marine on the right, and the Officer and Sailors on the left, are characteristically depicted, and the composition and sentiment of this fine picture is vigorously sustained by a masterly arrangement of light and shade. It was engraved by W. Bromley for the house of Boydell and Company.

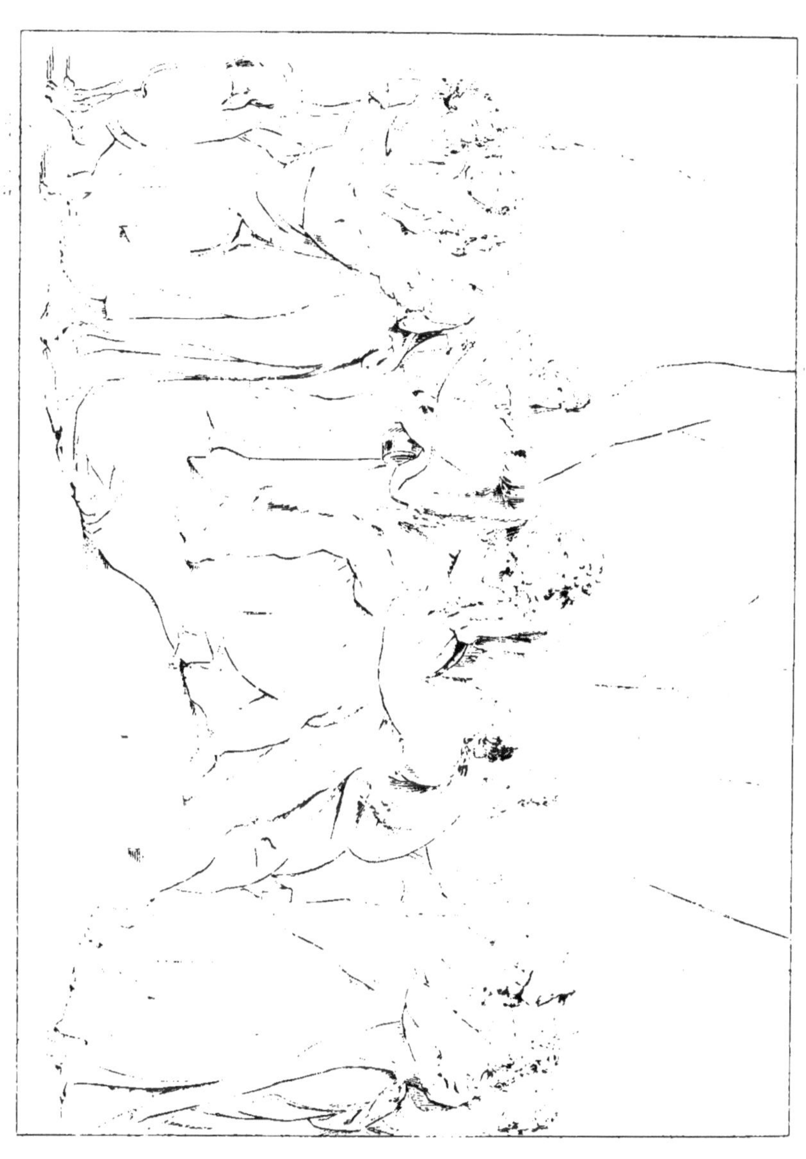

LE ROI LÉAR

La première scène du *Roi Léar*, tragédie de Shakspeare, nous montre ce prince infatué au milieu de sa cour, assis sur ce trône qu'il doit bientôt quitter pour toujours, ayant résolu de partager ses états entre ses trois filles. Après de grandes protestations de devoir et d'amour filial de la part de Gonerille et de Régane, celles-ci reçoivent chacune leur partage. Ensuite Léar demande à Cordélie ce qu'elle peut dire pour attirer un troisième lot plus riche encore que celui de ses sœurs; à quoi elle répond :

... « Il peut arriver, quand je me marierai, que l'époux dont la main recevra la mienne en gage de ma foi emporte la moitié de ma tendresse, la moitié de mes soins et de mes devoirs. Sûrement je ne me marierai jamais comme mes sœurs, pour n'aimer au monde que mon père.

Léar. Mais ton cœur est-il d'accord avec tes paroles?

Cordélie. Oui, mon bon seigneur,

Léar. Si jeune et si peu tendre?

Cordélie. Si jeune et vraie, mon seigneur.

Léar. A la bonne heure. Que ta véracité soit donc ta dot; car, par les rayons sacrés du soleil, par les mystères d'Hécate et de la Nuit, par les influences de ces globes célestes qui règlent et déterminent notre existence, j'abjure ici tous mes sentiments paternels, tous les liens, tous les droits du sang, et je te tiens de ce moment et à jamais pour étrangère à mon cœur et à moi. » Le Roi Léar, acte I, scène I.

Le pinceau hardi et vigoureux de Fuseli s'est saisi de ce qu'il y a de plus saillant dans cette scène. Kent, à genoux, plaide en vain pour l'infortunée Cordélie; le calme trompeur et la joie mal déguisée des deux sœurs sont habilement rendus, pendant que le vieux roi déclare son irrévocable décision avec une énergie effrayante. Ce tableau fut peint pour la Galerie de Boydell et gravé par Earlom.

KING LEAR.

THE first scene of King Lear exhibits the infatuated Monarch in the midst of his court, seated on that throne which he is about to quit for ever, having resolved to divide his dominions amongst his three daughters. After much lavish profession of duty and affection, Goneril and Regan receive their allotted portions; he then demands of Cordelia what she can say to draw a third more opulent than her sisters', she replies

> "Haply, when I shall wed,
> That lord, whose hand must take my plight, shall carry
> Half my love with him, half my care, and duty :
> Sure, I shall never marry like my sisters,
> To love my father all.
> LEAR. But goes this with thy heart?
> COR. Ay, good my lord.
> LEAR. So young, and so untender?
> COR. So young, my lord, and true.
> LEAR. Let it be so. — Thy truth then be thy dower :
> For by the sacred radiance of the sun ;
> The mysteries of Hecate, and the night ;
> By all the operations of the orbs,
> From whom we do exist, and cease to be ;
> Here I disclaim all my paternal care,
> Propinquity and property of blood,
> And as a stranger to my heart and me
> Hold thee, from this, for ever.

SHASKSPEARE's King Lear, A. I, Sc. I.

The vigorous pencil of Fuseli has seized the prominent points of this scene; Kent on his knees pleads in vain for the unfortunate Cordelia, the specious calmness and ill concealed exultation of her sisters is successfully indicated, and the old king announces his irrevocable resolution with an appaling energy. The picture was painted for Boydell's Gallery and engraved by Earlom for the larger series.

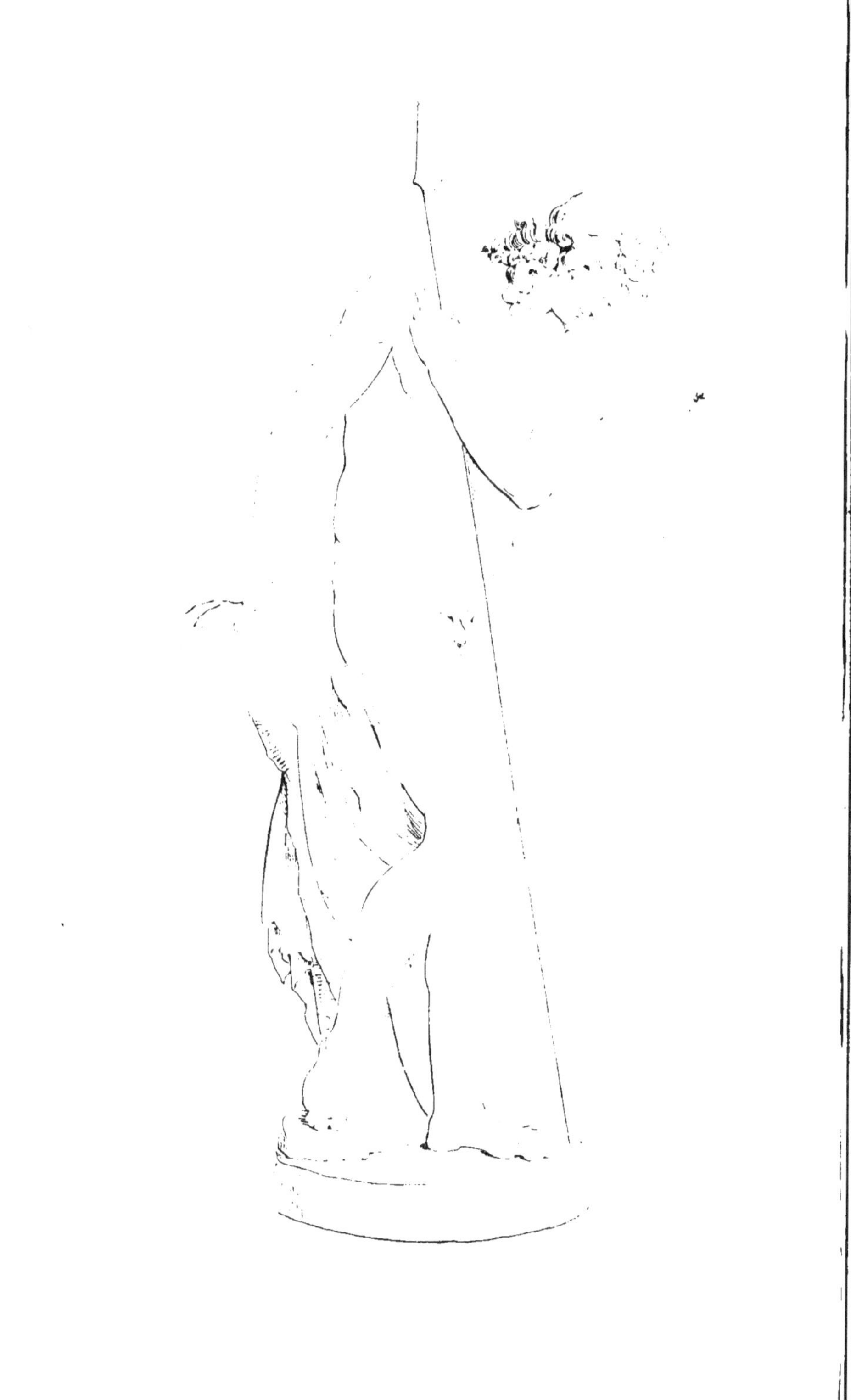

NARCISSE.

Un jour Narcisse, fils du fleuve Céphise et de la nymphe Liriope, fatigué des plaisirs de la chasse, vint se reposer près d'une fontaine limpide :

> « Mais en voulant calmer la soif qui le dévore,
> Il sent naître une soif plus dévorante encore.
> Son visage dans l'onde à ses yeux répété
> Le rend lui-même épris de sa propre beauté.
> Narcisse prête un corps à l'image qu'il aime,
> Sans voir que cette image est l'ombre de lui-même :
> Et tel qu'une statue, immobile et penché,
> Sur ses propres regards son regard attaché
> Contemple, dans l'azur mouvant sous sa paupière,
> De deux astres vivants la touchante lumière,
> Et ses cheveux pareils aux cheveux d'Apollon,
> Et sa joue où commence à poindre un doux coton,
> L'albâtre de son cou, son teint où se marie
> De la rose et du lys la nuance fleurie.
>
> . . . .
>
> Insensé ! quel fantôme ici te fait la loi ?
> Tu veux ce qui n'est point, ce qui n'a rien de soi :
> L'image que tu vois n'est que ton ombre vaine ;
> Elle fuit, si tu fuis; ton retour la ramène,
> Prête à se retirer avec toi de ces lieux,
> Si tu peux toutefois en retirer tes yeux.
> Rien ne peut l'arracher à cette onde funeste :
> Il dépérit, il meurt, et cependant il reste
> Etendu sur la mousse. »

De Saint-Ange. Métamorphoses d'Ovide.

Ce fut pendant que l'École Anglaise était encore dans son enfance, que cette belle statue remporta le prix accordé par la Société pour l'Encouragement des Arts, des Manufactures et du Commerce : elle fait honneur au talent du sculpteur Bacon.

NARCISSUS.

Nᴀʀᴄɪssᴜs, son of the river God Cephisus and the nymph Liriope, after a morning's chase came to a secluded fountain, where

> "— As his own bright image he survey'd,
> He fell in love with the fantastic shade;
> And o'er the fair resemblance hung unmov'd,
> Nor knew, fond youth! it was himself he lov'd.
> The well-turn'd neck and shoulders he descries,
> The spacious forehead, and the sparkling eyes;
> The hands that Bacchus might not scorn to show,
> And hair that round Apollo's head might flow,
> With all the purple youthfulness of face,
> That gently blushes in the watery glass.
> What could, fond youth, this helpless passion move?
> What kindled in thee this unpitied love?
> Thy own warm blush within the water glows,
> With thee the colour'd shadow comes and goes,
> Its empty being on thyself relies,
> Step thou aside, and the frail charmer dies.
> Still o'er the fountain's watery gleam he stood,
> Mindless of sleep, and negligent of food,
> Still view'd his face, and languish'd as he view'd.

Ovɪᴅ's Metamorphoses, Book III.

This fine statue, which successfully competed for one of the prizes given to students in the Arts by the Society for the Encouragement of Arts, Manufactures, and Commerce, while the British School was yet struggling in its infancy, is an honourable testimony of the Sculptor's talents.

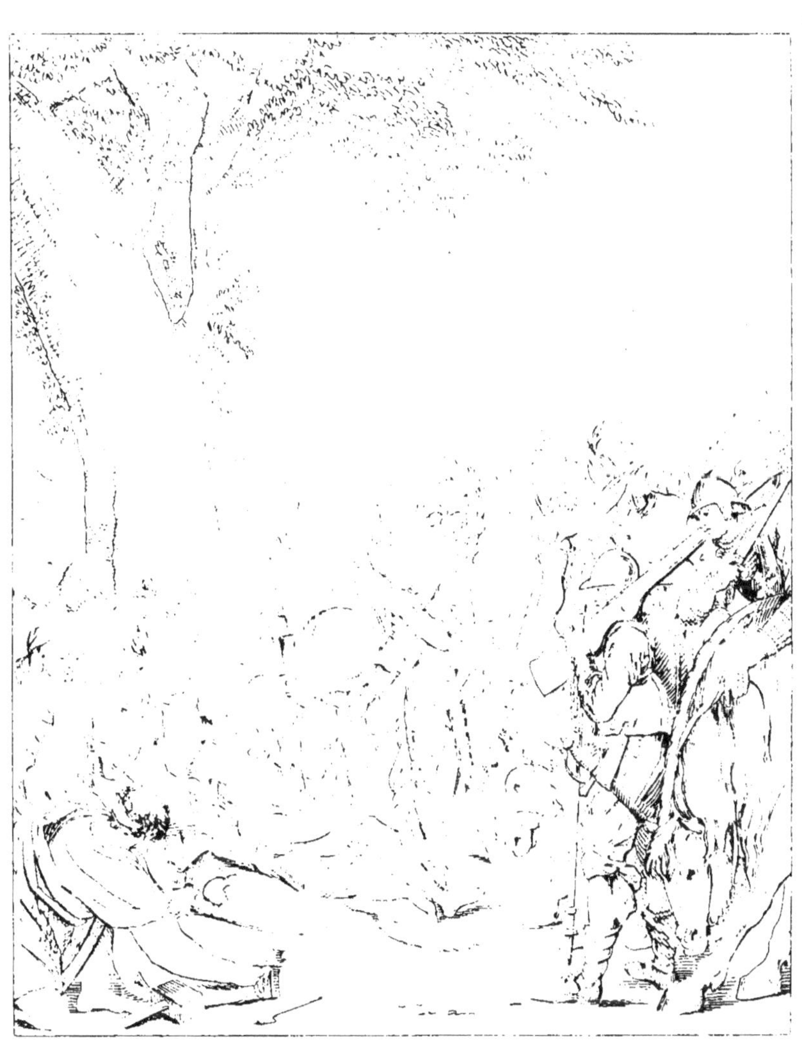

MORT DE BAYARD.

La mort de Bayard eut lieu au mois d'avril 1524, pendant la retraite de l'armée française devant les Impérialistes, dans le nord de l'Italie. Mortellement blessé à Romagnano, en traversant la Sésie, il demanda d'être mis sous un arbre, le visage tourné contre l'ennemi. Entouré de ses domestiques qui ne voulurent point l'abandonner, et s'occupant avec calme des derniers devoirs de la religion, il fut trouvé dans cet état par l'armée ennemie. On le reconnut immédiatement, et, pendant le peu de moments qu'il survécut, il reçut toutes les attentions que demandaient son rang et sa position actuelle.

West a représenté le héros au moment où le connétable de Bourbon est descendu de cheval pour lui parler. On voit le marquis de Pescara à cheval ; il cherche à réprimer l'ardeur de ses soldats qui se précipitent pour voir le chevalier *sans peur et sans reproche :* les domestiques sont occupés à élever une tente.

Ce tableau, ainsi que le pendant, la Mort d'Épaminondas, fut peint, en 1770, pour Georges III, qui le paya 300 guinées (7,500 francs). Il a été gravé à la manière noire par Valentine Green.

Haut. : 6 pieds 7 pouces ; larg. : 4 pieds 3 pouces.

DEATH OF BAYARD.

The death of Bayard took place in April 1551, during the retreat of the French army before the Imperialists in the north of Italy. Mortally wounded at Romagnano in crossing the Sesia, he was, at his own request, placed against a tree with his face towards the enemy. In this situation, surrounded by his domestics who would not abandon him, and calmly occupied in the last duties of religion, he was found by the pursuing army; and, being instantly recognised, received every attention during the short time he survived, which his character and condition demanded.

West has represented the dying hero at the moment when the Constable de Bourbon has dismounted to accost him. The Marquis de Pescara is seen on horseback restraining the eagerness of his soldiers to obtain a sight of the knight without fear and without reproach, and the attendants are engaged in preparations to raise a tent over him.

This Picture, with its companion, the Death of Epaminondas, was painted for George III, in 1770, at the price of 300 guineas each. It has been engraved in mezzo-tinto by Valentine Green.

Size : 7 feet, by 5 feet.

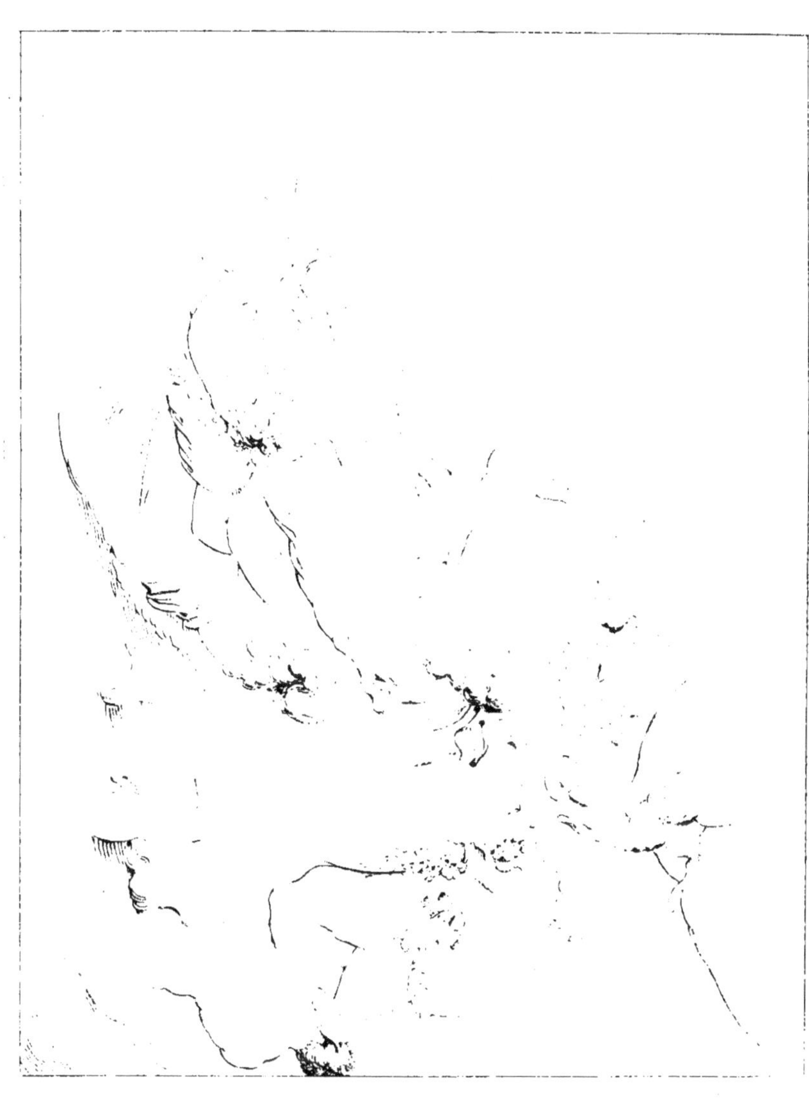

EUROPE.

Les poètes racontent que Jupiter, épris de la belle Europe, fille d'Agénor, roi de Phénicie, se changea en taureau : ainsi métamorphosé, il l'enleva des états de son père et gagna à la nage l'île de Crète :

> « Le ravisseur alors fait éclater sa joie,
> Et fier de son fardeau, s'échappe sous sa proie ;
> Europe, mais en vain, appelle à son secours.
> Nymphes qui la perdez, pleurez-la pour toujours,
> Europe va vous perdre, et l'amant qui l'entraîne,
> Nouveau monstre marin franchit l'humide plaine.
> La conque des Tritons fait retentir les airs,
> Mille divinités sortent du sein des mers,
> Et Neptune lui-même empressé de lui plaire,
> Vient sur son nouveau choix féliciter son frère.
> Europe d'une main presse encor le Taureau,
> Tient sa robe de l'autre, et craint de toucher l'eau.
> Mille zéphirs légers réunis sous son voile,
> De leurs souffles rivaux en soutiennent la toile. »

POINSINET DE SIVRY. Idylles de Moschus.

Cet incident a été rendu sur la toile d'une manière fort poétique, par un artiste contemporain, un de ceux qui font le plus d'honneur à l'École Anglaise. Ce tableau peut entrer en comparaison avec les nombreuses représentations graphiques de l'aventure d'Europe. La conception en est originale, la composition savante, le dessin pur ; le beau coloris et le clair-obscur vigoureux méritent les plus grandes louanges. Il a été peint en 1818 pour la Galerie de Lord de Tabley.

Larg. : 6 pieds 5 pouces ; haut. : 4 pieds 5 pouces.

EUROPA.

THE Poets relate that Jupiter, being enamoured of Europa the beautiful daughter of Agenor, king of Phenicia, assumed the form of a Bull, and thus metamorphosed, carried her away from her father's dominions across the sea into Crete:

> When now amid the wave with vigorous leap
> He plung'd, and as a dolphin skim'd the deep!
> Sudden uprose the Nereids round the God,
> And on the backs of whales in triumph rode :
> The loud-voic'd Neptune hail'd the long array,
> And smooth'd, his brother's guide, the watery way;
> While, rising from old Ocean's deepest caves,
> Crowded upon the surface of the waves
> The Triton band, (as pass'd the pomp along)
> And on their wreath'd conchs rung the nuptial song!
> Each effort all too feeble to withstand
> The god still rushing, with her better hand
> She grasp'd his curled horn—her left updrew
> Her purple robe, whose wetted foldings flew
> Wild o'er the surge : around her, as she held,
> Soft like a sail the breezy vesture swell'd.

POLWHELE'S Moschus, Idyll. II.

This poetical incident has been transferred to the canvas in a highly poetical manner by one of the most distinguished living ornaments of the English School, in a picture that need not shun comparison with any of the numerous pictorial versions of Europa's adventure. Original in conception, skilfully composed, and correctly drawn, its fine colour and impressive light and shade, forcibly support its claims to honourable distinction. It was painted in 1818 for Lord De Tabley's Gallery.

Size : 4 feet 9 inches, by 6 feet 10 inches.

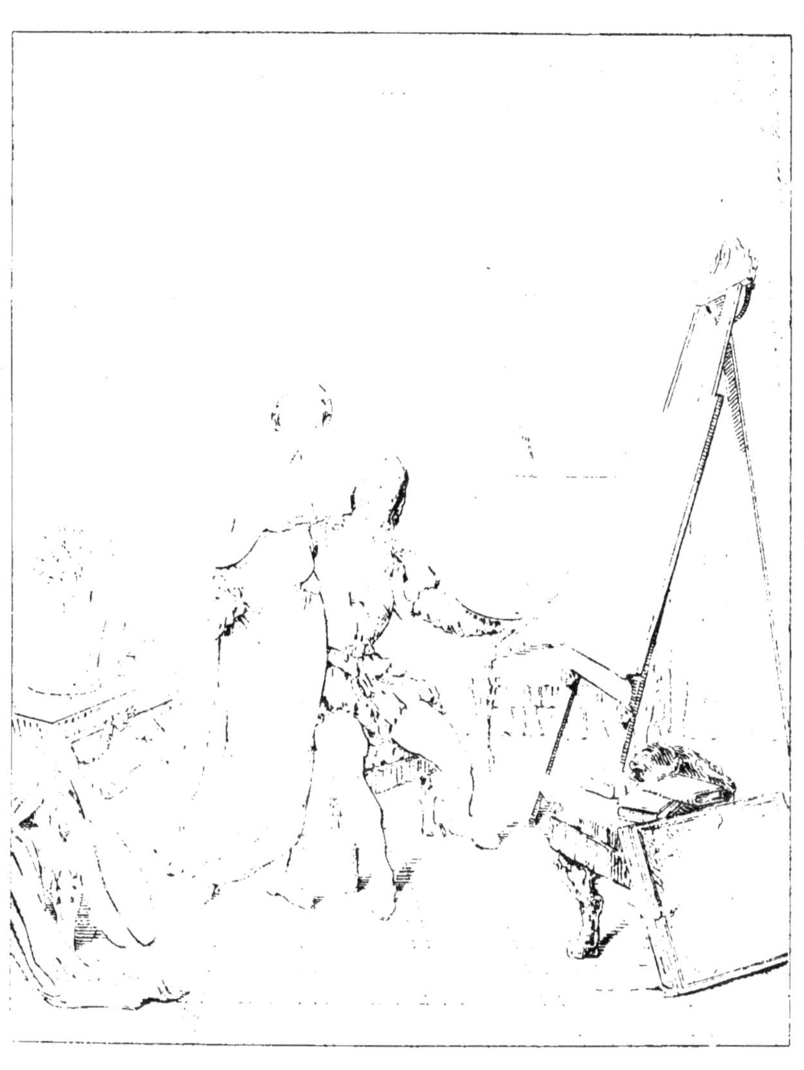

RAPHAEL ET LA FORNARINA.

CE sujet rappelle l'attachement mutuel de Raphaël et de la Fornarina (la boulangère). Outre que Raphaël avait peint le portrait de cette beauté, et qu'il l'avait mise dans plusieurs de ses tableaux, il y eut un moment où son amour fut si violent qu'il ne pouvait travailler à moins qu'elle ne fût auprès de lui.

Le prince des peintres est représenté ici avec son modèle chéri dont le portrait se voit sur le chevalet. La composition est agréable; les personnages sont animés et expressifs. Ce tableau appartient à MM. Moon, Boys et Graves, de Londres, qui en ont publié une belle gravure en mezzotinte, gravée par C. Turner.

Haut. : 3 pieds 9 pouces ; larg. : 3 pieds.

RAPHAEL AND LA FORNARINA.

THIS subject has reference to the mutual attachment of Raphael and the beautiful female known as La Fornarina, the Baker's daughter. Besides painting her portrait, and introducing her figure into many of his pictures, his fondness at one time was carried to such an excess, that he could not not study without her company.

The Prince of Painters is here represented with his favourite model, whose portrait is seen on the easel ; the composition is pleasing , and the figures animated and expressive. The picture is the property of Messrs. Moon, Boys and Graves, of London, who have published a fine mezzo-tinto print from it, engraved by C. Turner.

Size : 4 feet, by 3 feet 3 inches.

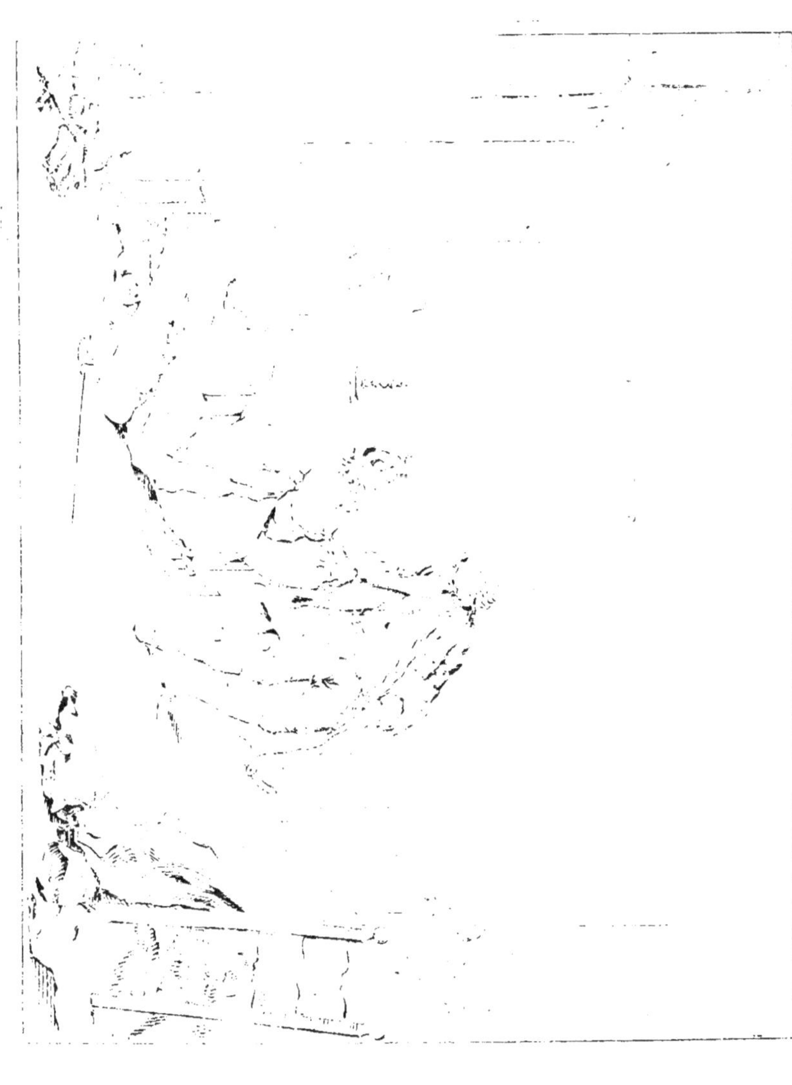

MARIAGE A LA MODE, N°. V.

LE sort des malheureux époux se décide : le comte, ayant quelques soupçons, suit sa femme dans une maison où elle s'est rendue avec son perfide séducteur ; le mari enfonce la porte de l'appartement et voit la preuve accablante de son déshonneur ; il veut se venger, mais, ne se possédant plus de colère, son épée lui devient inutile ; il est mortellement blessé par l'infâme Silvertongue qui, en sautant par la fenêtre, échappe pour quelques instants à la juste punition que mérite son double crime. La malheureuse femme au comble du remords se jette aux genoux de son mari, le suppliant de lui pardonner. Epouvanté du bruit, l'hôte a appelé la garde de nuit ; on les voit entrer ensemble dans l'appartement. Les masques, les dominos et les vêtements du conseiller et de la dame sont épars de côté et d'autre.

Le principal groupe et tout le premier plan se trouvent fortement éclairés par la lueur rougeâtre provenant du foyer ; cette lumière habilement ménagée ajoute encore à l'effet d'une scène aussi tragique.

Larg.· 2 pieds 9 pouces ; haut.: 2 pieds 2 pouces.

MARRIAGE A LA MODE , N°. V.

The catastrophe of our ill-sorted couple approaches. Circumstances having awakened the suspicions of the Husband he has traced his Lady and her gallant to the house where the fifth scene is laid. Here, after forcing the lock of the door, he discovers the overwhelming evidence of his own dishonour, and losing all self possession and command of his weapon, is stabbed by the miscreant who escapes for the time by the window. The wretched woman in an agony of remorse, has thown herself at the feet of her dying Lord and supplicates forgiveness. The landlord of the house, alarmed by the noise, has called the assistance of the Watchmen, and they are seen entering the room together. The floor is strewed with the masks, dominos, and apparel, of the guilty pair.

The principal group in this composition, as well as all the fore-ground of the picture, is strongly illuminated by the red glare of fire-light, which is finely disposed to support the interest of the tragical event.

Size : 2 feet 3 inches, by 2 feet 11 inches.

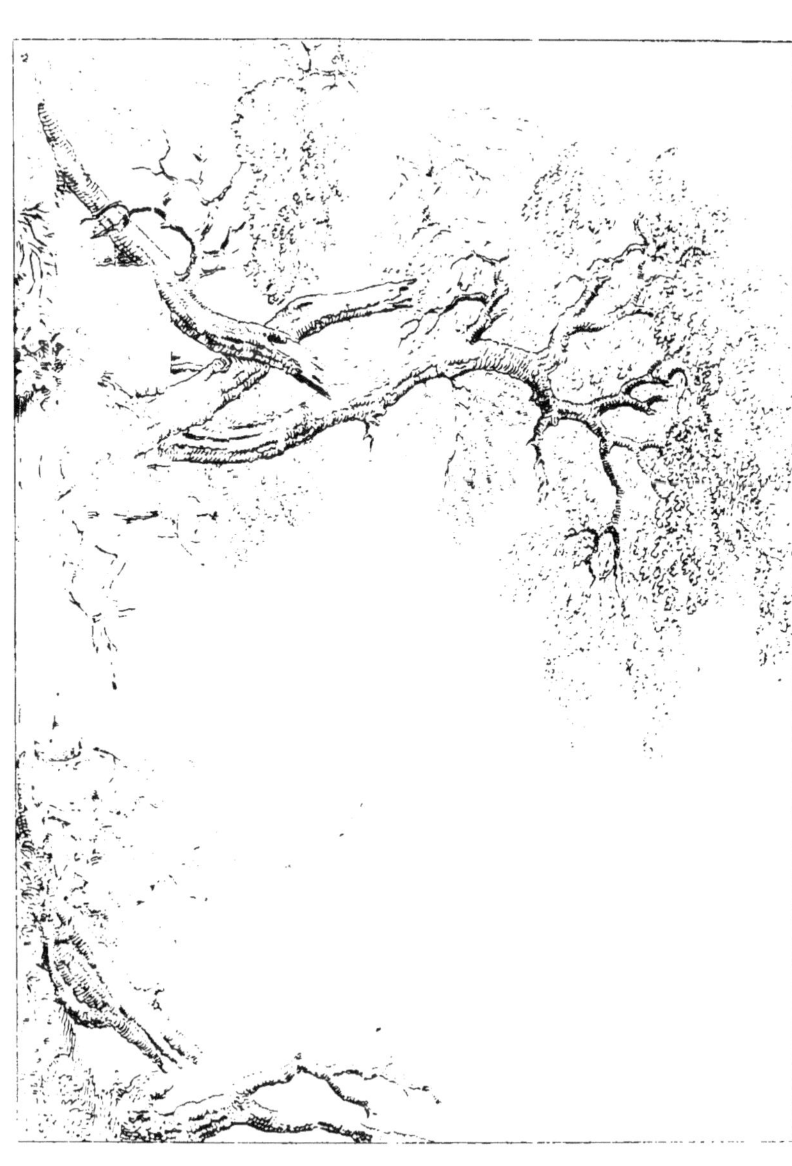

NIOBÉ.

Niobé, femme d'Amphion, roi d'Orchomène, s'était vantée de ses enfants en méprisant ceux de Latone; la déesse eut recours à Apollon et à Diane pour se venger de cette insulte. « Diane fit tomber les filles de Niobé sous ses flèches mortelles, et Apollon perça les fils avec ses traits empoisonnés; ces malheureuses victimes de la colère céleste demeurèrent étendues pendant neuf jours entiers. »

Ce tableau fut peint à Rome, vers l'année 1754, pour le le duc de Bridgewater, qui ensuite employa un Italien nommé Placido da Costanza pour peindre de nouveau les figures. Irrité de l'affront, Wilson à son retour en Angleterre fit de la même composition un second tableau qu'il exposa en 1760; celui-ci fut acquis par le duc de Cumberland. Cet ouvrage fut tant admiré que le peintre le répéta encore, et comme il y a des changements dans les diverses répétitions, nous avons donné le premier tableau, qui, après la mort du duc de Bridgewater, est devenu la propriété du marquis de Stafford et se trouve maintenant à Cleveland House.

Ce tableau est encore remarquable par la critique que Reynolds en fit dans son quatorzième discours; mais, malgré la haute réputation de cet artiste et écrivain distingué, cette critique a été reconnue injuste. Cette composition est maintenant regardée comme une des plus belles productions de Wilson, peintre que Fuseli, qui ne donnait son admiration que difficilement, n'admirant guère les modernes, a placé sans aucune restriction parmi les classiques de l'Art.

Larg. : 5 pieds 4 pouces; haut. : 3 pieds 9 pouces.

NIOBE.

Niobe, wife of Amphion King of Orchomenos, having boasted the superiority of her own children to those of Latona, the Goddess incited her immortal offspring to avenge the insult accordingly :

> Six youthful sons, as many blooming maids
> In one sad day beheld the Stygian shades,
> Those by Apollo's silver bow were slain,
> These, Cynthia's arrows stretch'd upon the plain :
> So was her pride chastis'd by wrath divine,
> Who match'd her own with bright Latona's line.
>
> Pope's Homer's Iliad, b. 24.

This picture was painted at Rome about 1754 for the Duke of Bridgewater, who afterwards employed an Italian, Placido da Costanza, to repaint the figures. Irritated by this circumstance, Wilson, on his return to England, executed a second picture of the same composition, which was exhibited in 1760, and bought by the Duke of Cumberland. The great admiration excited by this performance induced him to repeat it again ; and as there are some variations among these repetitions, we have given the first picture, which, after the death of the last Duke of Bridgewater, became the property of the Marquis of Stafford and is now at Cleveland House. This picture is farther remarkable for the strictures which Reynolds allowed himself to make on it in his fourteenth Discourse, strictures which the high reputation of that distinguished Artist has not prevented from being recognised as illiberal, and unjust. It is now universally felt to be one of the finest productions of a painter whom Fuseli, no indiscriminate or ready admirer of the Moderns, freely places among the Classics of the Art.

Size : 4 feet, by 5 feet 8 inches.

CHUTE DE PHAÉTON.

Phaéton, fils d'Apollon et de Clymène, ayant engagé son père à jurer par le Styx de ne rien refuser de ce qu'il lui demanderait, le pria de lui accorder la permission de mener le char du Soleil pendant un jour. Apollon, lié par son serment, céda avec regret aux importunités de son fils. Ce téméraire s'étant égaré de la route accoutumée aurait occasioné un embrasement général du ciel et de la terre, si Jupiter, pour prévenir un tel bouleversement, ne l'eût renversé d'un coup de foudre :

> « . . . . Un trait de feu rapide
> Précipite à la fois et le char et son guide.
> . . . .
> Phaéton, que le foudre en longs éclairs sillonne,
> Précipité du ciel dans les airs tourbillonne.
> Telle en un temps serein une étoile à nos yeux
> Glisse ou semble glisser de la voûte des cieux. »
>
> De Saint-Ange, Métamorphoses d'Ovide.

Cette composition hardie est rendue avec une vigueur de pensée, une richesse de couleur et une facilité de pinceau qui rappellent fortement la manière de Rubens : lord de Tabley en fit l'acquisition dans la vue patriotique d'aider à former un choix de sujets peints par des artistes anglais ; cette seule distinction suffirait pour établir le mérite du tableau.

THE FALL OF PHAETON.

Phaeton, son of Apollo and Clymene, having induced his
father to swear by the river Styx to grant whatever he should
ask, requested permission to guide for one day the Chariot of
the Sun. The God, bound by his oath, reluctantly yielded to
his importunity, and the aspiring youth, unequal to the task,
would have caused a general conflagration of heaven and
earth, had not Jupiter, to prevent the impending calamity,
transfixed him with a thunderbolt.

> « Aiming at the youth, with lifted hand,
> Full at his head he hurl'd the forky brand,
> In dreadful thunderings. . . . .
> The breathless Phaeton, with flaming hair
> Shot from the chariot like a falling star,
> That in a summer's evening from the top
> Of heaven drops down. »
>
> Ovid's Metamorphoses, book 2.

This spirited composition is struck out with a vigour of
thought, a richness of colour, and a facility of pencil, which
forcibly recall the idea of Rubens. It was purchased by Lord
De Tabley, in furtherance of his patriotic design of forming a select Gallery of pictures by British Artists, which fact
alone establishes its excellence.

102.

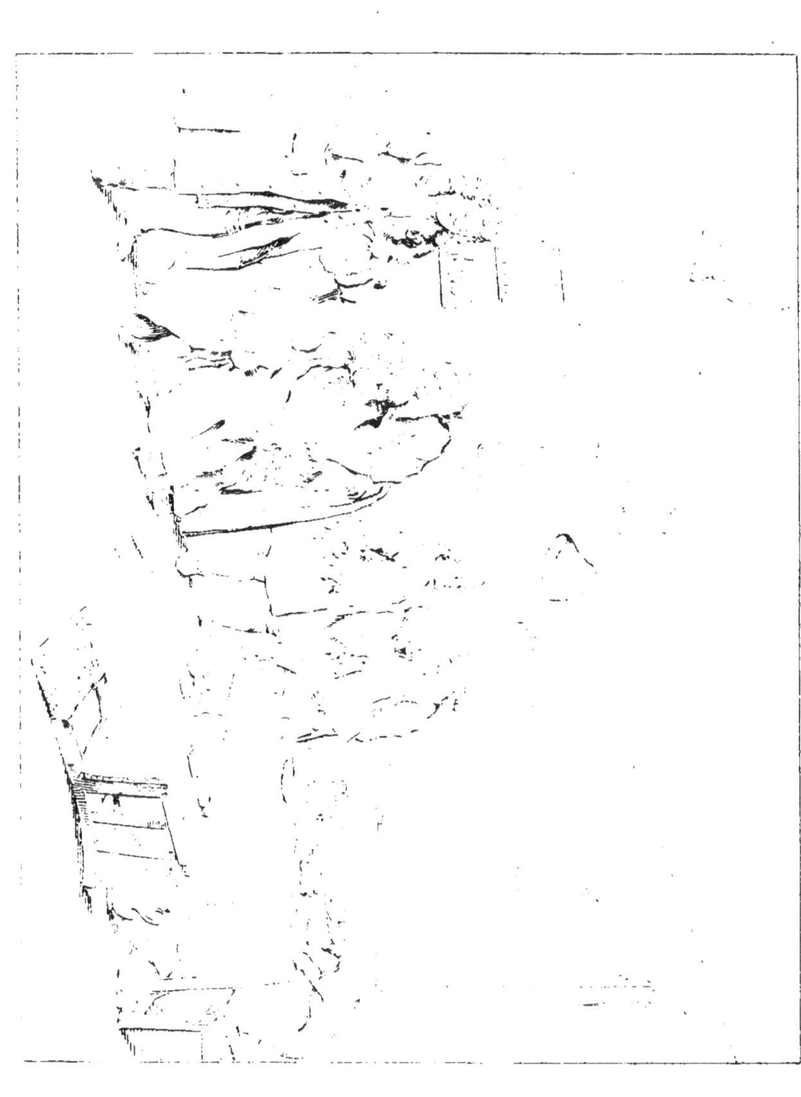

MARIAGE A LA MODE, N°. VI.

La dernière scène du Mariage à la mode se passe chez le père de la comtesse : cette victime de la séduction vient d'expirer ; on voit à ses pieds une petite fiole étiquetée *Laudanum*, et un imprimé contenant les dernières paroles que le coupable Silvertongue a prononcées sur l'échafaud : par ces détails, le peintre a su faire lire au spectateur l'explication du sujet. Ne pouvant supporter l'idée de la mort de son mari, de l'exécution de son amant et de sa propre honte, l'infortunée a cherché dans le suicide l'oubli de tant de malheurs qu'elle-même a occasionés par son inconduite. Son père ne parait que peu affecté d'un aussi triste événement ; il s'occupe plutôt à s'assurer d'une bague de prix qu'elle a au doigt. La vieille servante et le chétif rejeton qu'elle tient dans ses bras, témoignent plus de sensibilité ; les caresses que l'enfant fait à sa mère qui n'existe plus forment un contraste touchant avec l'apathie du riche bourgeois. On voit un apothicaire menaçant un domestique ; à l'air hébété de celui-ci, on peut croire sans hésiter que c'est lui qui a procuré le poison et l'imprimé. Le médecin se retire d'un endroit où ses soins seraient inutiles. Un chien affamé profite de la confusion générale pour dérober une tête de cochon sur une table assez mal servie. La fenêtre ouverte permet d'apercevoir le vieux pont de Londres tel qu'il était du temps d'Hogarth.

Larg. : 2 pieds 9 pouces ; haut. : 2 pieds 2 pouces.

MARRIAGE A LA MODE, N°. VI.

Tнe closing scene is laid in the paternal mansion of the
fortunate countess, who has just breathed her last. At
feet is a small phial, labelled Laudanum, and by its
Counsellor Silvertongue's last dying speech; these inci-
nts inform us, that, unable to bear the accumulated misery
her husband's murder, her gallant's execution, and her
n disgrace, she has sought a refuge in death. Her fa-
r betrays little sympathy for her fate, and is chiefly
ious to secure a valuable ring which he removes from the
er of his expiring daughter. The old nurse, and her
ely charge, evince more concern; she child caressing
lifeless parent is a fine contrast to the citizen's apathy.
apothecary is seen shaking a half-idiotic servant by the
lar, and indicates that it is by his instrumentality that
lady has procured the poison, and the dying speech.
back of a Physician is also discernible who retires from
ase where he can render no service. A half-starved dog
fits by the general confusion to abstract a pig's head
n the scantily furnished table. The opened window shows
London Bridge in its old state.

Size : 2 feet 3 inches, by 2 feet 11 inches.

NOTICE GÉNÉRALE

LE MARIAGE A LA MODE D'HOGARTH.

Ces six tableaux furent peints vers l'année 1744 : ils représentent les funestes suites d'un mariage combiné sans égard aux principes de l'honneur, par des parents entièrement guidés par l'ambition et l'avarice, et sans égard aux affections, au caractère ou aux habitudes des jeunes gens ainsi liés ensemble. Les incidents de cette histoire tragique se comprendront mieux en examinant les tableaux. Ils contribuèrent à répandre au loin la renommée que le peintre avait déjà acquise à juste titre, renommée qui, semblable à celle de Shakspeare ou de Milton, s'est accrue tous les jours davantage. Aujourd'hui ceux qui traitent de l'Art ne se contentent point de répéter ce qu'a dit Walpole et de borner leur admiration pour Hogarth à l'invention et à l'expression que l'on remarque dans ses tableaux, ils savent aussi apprécier son dessin, son clair-obscur et son coloris; et enfin, quoiqu'un peu tard, on rend justice à cet artiste vraiment original.

Hogarth mit ces tableaux en vente publique, mais comme il ne se trouva presque point d'enchérisseurs, ils échurent à un certain M^r. Lane, qui ne paya les six tableaux que 110 guinées (environ 2750 fr.), y compris les cadres estimés à 4 guinées chacun (environ 100 fr.). Après la mort de ce particulier, ils échurent en héritage au colonel Cawthorne, qui, en 1797, les vendit L. 1381 (environ 34,525 fr.) à J.-J. Angerstein Esq. Ils faisaient partie de la collection de cet amateur lorsqu'elle fut cédée par ses exécuteurs testa-

mentaires au gouvernement anglais. Maintenant ils se trouvent placés dans la Galerie Nationale à Londres.

Cette admirable série a été gravée plusieurs fois; les meilleures estampes sont celles que le peintre a publiées et dont il
a lui-même gravé les têtes; le reste des planches a été gravé
par Barron, Raveninet Scotin; mais malheureusement elles
ont le désavantage d'être en sens inverse des tableaux.
Nous nous sommes prévalus des progrès que la gravure a faits
de nos jours, pour mettre nos planches en parfaite harmonie
avec les tableaux originaux, conservant autant que possible,
l'esprit de celles d'Hogarth.

GENERAL NOTICE

OE

HOGARTH'S PICTURES OF MARRIAGE A LA MODE.

—

The six pictures entitled Marriage à la Mode were painted by Hogarth about 1744. They represent the progress and catastrophe of an unprincipled match , got up by designing parents, influenced by ambition and avarice, without reference to the inclinations , temper, or dispositions , of the parties thus unhappily contracted. The incidents of this eventful story will best appear in the pictures themselves. They contributed to spread the well-earned fame of their painter far and wide; a fame, which like Shakspeare's and Milton's , has gradually and progressively increased. At the present day writers on Art are not content with echoing Walpole, and limiting their admiration of Hogarth to his invention and expression ; his composition , his drawing, his light and shade, and his colour, are now appreciated : and tardy justice has at length been rendered to this truly original artist.

Hogarth disposed of these pictures at a kind of uncontested auction by which they became the property of a M^r. Lane who paid one hundred and ten guineas for the six pictures and their frames , the worth of the latter being estimated at four guineas each. After his decease they were inherited by Colonel Cawthorne, who , in 1797, sold them to John Julius Angerstein Esq. for one thousand three hundred and eighty one pounds. They formed part of the collection purchased by Government of the executors of the latter gentleman, and now occupy an important space in the nucleus of our National Gallery.

This admirable series has been repeatedly engraved; the best prints are those published by the painter wherein the faces were executed by himself, and the rest of the plates by Barron, Ravenet, and Scotin; but unfortunately they have the disadvantage of being reversed. We have availed ourselves of the superior practice of the present time to give our engravings in perfect harmony with the original pictures, preserving therewith as much as possible of the spirit of Hogarth's own publications.

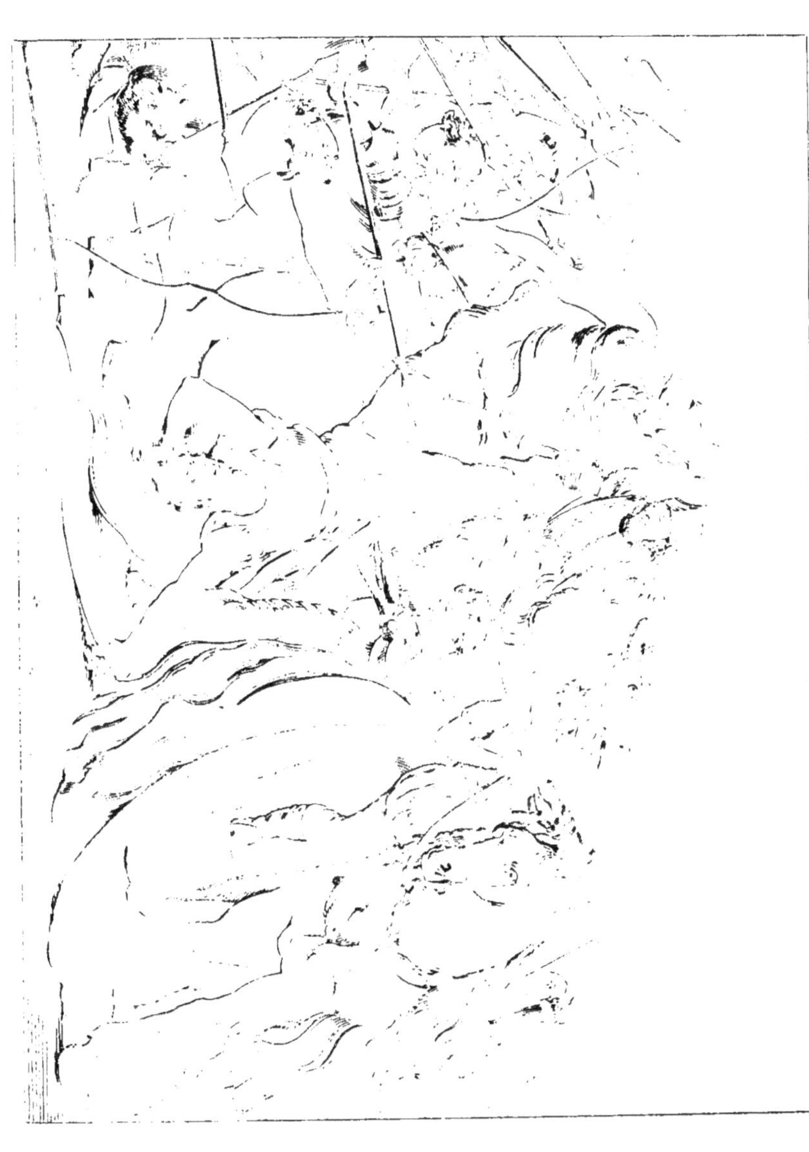

WAT TYLER.

Le parlement anglais en 1381, dans la quatrième année du règne de Richard II, autorisa une capitation de douze sous par personne. Un tel impôt levé sans distinction sur le pauvre comme sur le riche, et que l'on percevait avec une extrême rigueur ne tarda pas à soulever le peuple. Il s'attroupa dans les comtés circonvoisins de Londres et marcha en grand nombre sur la métropole, commettant en chemin d'horribles dévastations. La populace de Londres favorisait cette cause, pendant que le gouvernement cherchait à détourner par la voie des négociations et par des concessions ce qu'il ne pouvait faire cesser par la force. Il y eut une conférence dans Smithfield ; Wat Tyler, un des chefs des insurgés, se comporta si insolemment envers le roi, que Walworth, maire de Londres, lui porta un coup d'épée qui le jeta par terre, et les autres serviteurs du roi l'achevèrent. Les rebelles se préparaient à venger sur-le-champ la mort de leur chef, lorsque Richard, qui n'avait que seize ans, s'avançant vers eux avec un air de bonté, leur parla ainsi : « Que veut dire tout ce tumulte, mes braves gens ? Regrettez-vous d'avoir perdu votre chef ? Moi, je suis votre roi, je serai votre chef. » Intimidée par cette hardiesse, la foule le suivit sans hésiter ; le roi accorda aux insurgés un pardon général et ils rentrèrent tranquillement chez eux.

Ce trait de courage et de présence d'esprit dans un prince si jeune fut choisi par Northcote pour sujet d'une composition dans laquelle il a déployé son tact habituel. L'échevin Boydell, qui fit l'acquisition de ce tableau, le présenta à la cité de Londres, et maintenant il orne la salle du conseil de Guildhall. Il a été gravé par Anker Smith.

DEATH OF WAT TYLER.

In the fourth year of the reign of Richard II, 1381, the parliament of England authorized the imposition of a poll tax of three groats a head. A tax which took as much from the poor as the rich, and which was levied with unsparing rigour, soon caused an insurrection of the people; and immense numbers from the neighbouring counties drew towards the metropolis, committing horrible ravages on the way. The populace of London favoured their cause, and the government sought to divert by negotiation and concession what it could not suppress by force. For this purpose a conference was held in Smithfield, where Wat Tyler, one of the insurgent leaders, behaved with so much insolence to the king that Walworth, Mayor of London, struck him to the ground, and he was dispatched by others of the king's attendants. The mutineers instantly prepared to revenge his death; when Richard, who was only in his sixteenth year, accosting them with an affable and intrepid countenance, demanded " What is the meaning of this disorder my good people? Are ye angry that ye have lost your leader? I am your king; I will be your leader ". Overawed by his presence, they implicitly fol'oved him; and, after granting them a general pardon, he dismissed them in safety to their respective homes.

This instance of youthful courage and self-possession was selected for pictorial illustration with the accustomed judgment of the painter; the picture was presented by its purchaser, Alderman Boydell, to the City of London, and it forms an interesting ornament of the Council Chamber at Guildhall. It has been engraved by Anker Smith.

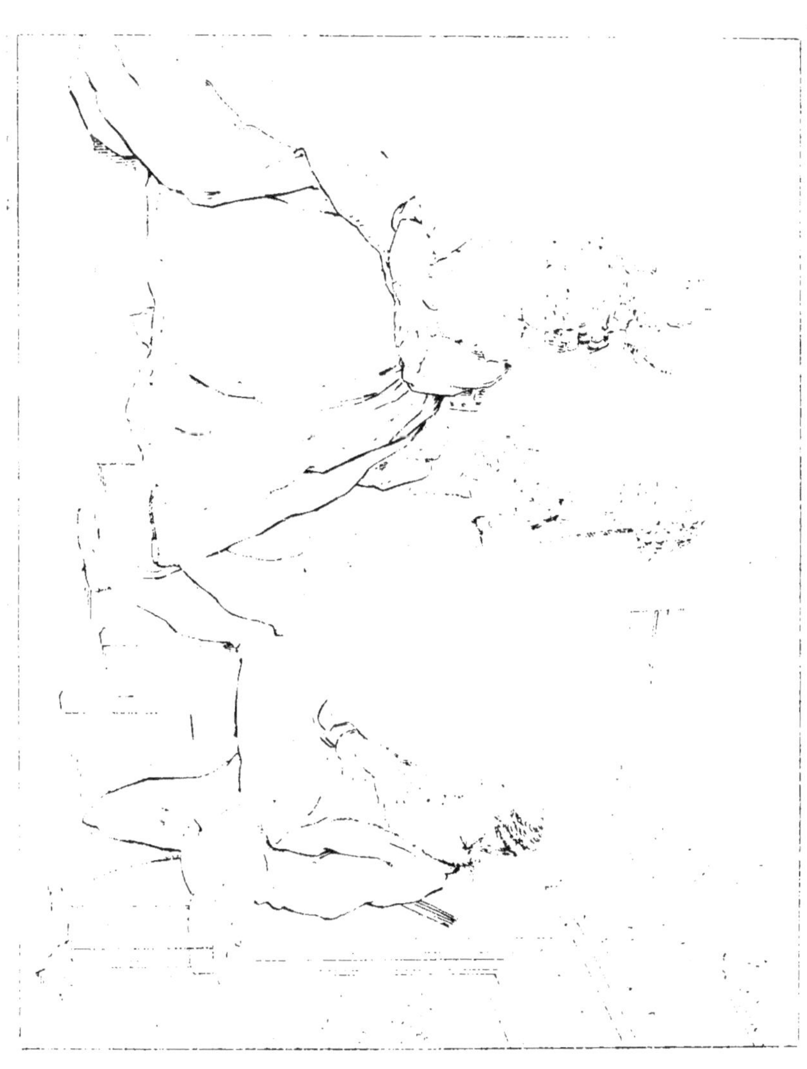

LA CONQUÊTE.

Smirke, dans cette composition, a levé le voile qui couvre les mystères d'une des parties de l'Art : il a choisi pour principal personnage un peintre de portraits que l'on peut supposer fort célèbre, et qui paraît travailler d'après le principe de son confrère dont parle la fable. Sa toile est enrichie d'une scène pastorale où le modèle est représenté en bergère avec une houlette à la main ; cette nymphe est assise sur un banc semé de fleurs, à l'ombre d'un arbre touffu ; autour d'elle est un troupeau de brebis ; on doit croire que l'artiste n'a pas été prié de l'y introduire *gratis*, comme le fut le peintre ambulant dans le Curé de Wakefield. Semblable à la Bélinde de Pope ou à la Maria de Sterne, Pastora a son chien favori, et ce cher petit animal figure aussi sur la toile à côté de sa maîtresse pendant qu'un ancien domestique officieux le tient dans ses bras et le caresse avec une assiduité qui ne peut être surpassée que par l'attention que le peintre lui-même donne à son aimable modèle. Visant à la personne pour arriver à la fortune qu'il connaît à cette nouvelle Vénus, notre Apelles vient de lui faire une déclaration dans toutes les formes : la physionomie et l'action de la dame indiquent la satisfaction qu'elle éprouve d'une telle conquête, prouvant ainsi que jamais la flatterie ne paraît absurde à celui à qui elle s'adresse.

Ce tableau annonce un artiste qui a une intime connaissance du monde, et qui sait rendre avec justesse les nuances de toutes sortes de caractères. La manière dont il est conçu et l'expression en font connaître le sujet parfaitement bien ; le dessin est bon et il est peint avec soin.

THE CONQUEST.

THE painter of the annexed picture has raised the veil that covers the mysteries of portrait painting, and has chosen for his hero a courtly practitioner in that department of art, who appears to proceed on the principle of his brother artist in the fable. He has enriched his canvass with a pastoral scene, wherein the Lady as a Shepherdess with a crook in her hand, appears seated on a daisied bank beneath a spreading tree, and surrounded by a flock of sheep, which, unlike the itinerant limner in the Vicar of Wakefield, he has not, we may be sure, been required to insert for nothing. Like Pope's Belinda, and Sterne's Maria, our Pastora has her canine favourite, and the pet figures on the canvass beside his mistress; while the obsequious old valet nurses and coaxes him with an assiduity that can only be surpassed by the attention of the painter himself to the fair sitter before him : doubtless, like Marmion,

" He knew her of broad lands the heir "

or rather the possessor, and he has therefore just made a formal declaration; the Lady's countenance and manner speak her exultation at the conquest she has made, and confirms Gay's remark that

" Flatt'ry never seems absurd,
The flatter'd always take your word ".

This picture evinces a close observance and accurate discrimination of character, its conception and expression tell the story most effectively, and it is drawn and painted with great care.

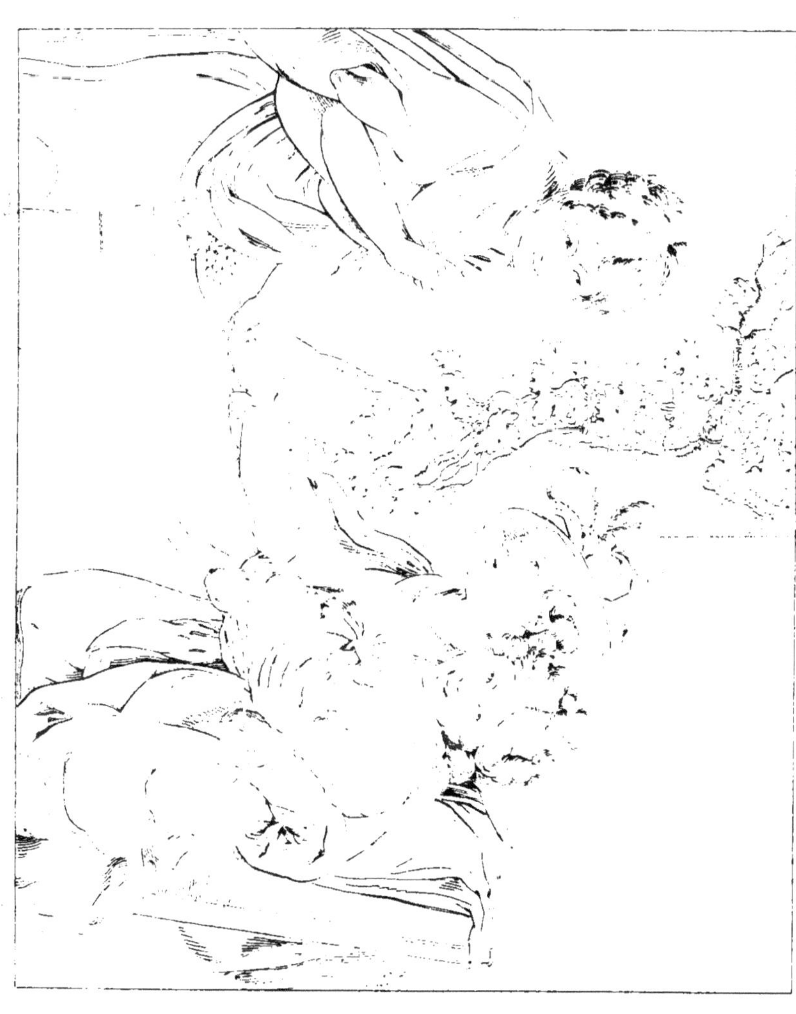

LA DISEUSE DE BONNE AVENTURE.

La diseuse de bonne aventure est une des productions de sir Josué Reynolds les plus estimées ; heureux dans le choix du sujet, le peintre l'a été également dans la composition et le travail. C'est à juste titre que ce tableau a toujours été admiré pour sa fidélité et son expression simple, la grâce et l'harmonie du coloris. Il fut exposé à l'Académie Royale, en 1777, et fut ensuite acquis par le duc de Dorset, qui le paya 350 guinées (9,100 francs environ). Il a été supérieurement gravé par Sherwin. Earlom en a aussi donné une excellente gravure.

THE FORTUNE TELLER.

THE Fortune Teller is one of Sir Joshua's most popular works. Happy in the choice of subject, the composition and handling are equally felicitous; and it has been long and deservedly admired for its union of truth and simplicity of expression, its grace and harmony of colour. It was exhibited at the Royal Academy in 1777, and became the property of the Duke of Dorset at the price of 350 Guineas. It has been finely engraved by Sherwin; Earlom has also produced a good print of the Fortune Teller.

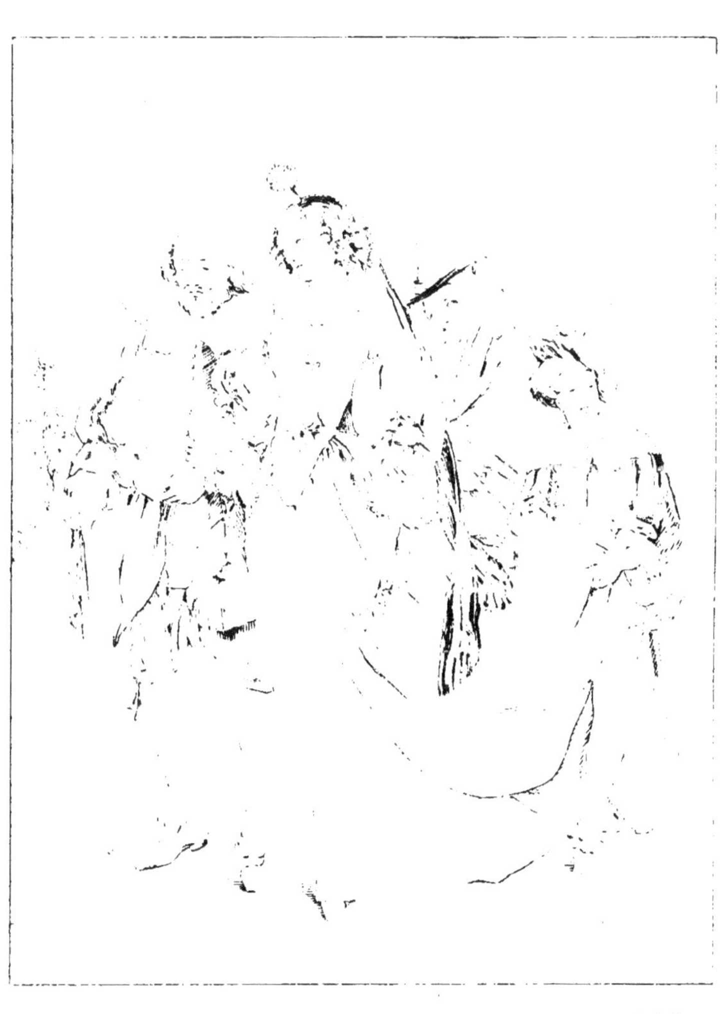

CHALON.

LA FILLE BIEN GARDÉE.

Thomas Moore, dans une de ses charmantes poésies, ra conte qu'en Angleterre le jardin de la beauté est gardé par le dragon de la pruderie, mais que parfois ce monstre sommeillant le jardin est assez mal surveillé. C'est donc la crainte de trouver le gardien en défaut qui a fait entourer cette beauté de dragons encore plus farouches que celui de l'Anacréon anglais. Observée d'un côté par un vieil écuyer qui, sans doute, semblable à *l'aimable* Domingue dans Gil Blas, ne dort jamais; gardée de l'autre par une duègne dont les nombreuses rides font deviner qu'elle a une intime connaissance de tous les piéges et stratagèmes de l'amour, la belle demoiselle est d'un abord aussi difficile que le Grand Lama ; mais, après tout, on peut croire au refrain de la chanson, qui nous dit que

« L'amour partout entre sans bruit. »

Ce tableau est d'un artiste dont les scènes animées sont d'un genre qu'en assimilant la peinture à l'art dramatique, on peut appeler la comédie du bon ton ; il est conçu finement et rendu avec un pinceau ferme, délicat et harmonieux. Il a été gravé par C. Rolls.

LA FILLE BIEN GARDÉE.

" In England the garden of beauty is kept
By a dragon of prudery, placed within call ;
But so oft this unamiable dragon has slept ,
That the garden's but carelessly watched after all ".

So sings the Bard of Erin , and a corresponding distrust of
the Dragon of Prudery has surrounded the peerless beauty in
the picture with dragons of a worse kind. Watched on one
side by an old usher, who, like Domingo in the Robber's cave
of Gil Blas , or Sindbad's old man of the sea, we may suppose
never sleeps ; and flanked on the other by a lynx-eyed Duen-
na , whose every wrinkle tells of steel-traps and spring-guns,
the fair damsel is rendered as inaccessible as the Delai-Lama
himself.

Yet is the old song worthy of credence,

Over the mountains
  And over the waves ;
Under the fountains ,
  And under the graves ;
Under floods that are deepest ,
  Which Neptune obey ;
Over rocks that are steepest ,
  Love will find out the way.

This in an admirable production of an artist whose tasteful
and animated representations of what may be called the
genteel comedy of painting are conceived with peculiar happiness, and painted with a firm , delicate, and harmonious
pencil. It has been engraved by C. Rolls

MONUMENT FUNÉRAIRE.

Ce beau monument sépulcral fut élevé il y a environ dix ans, dans la cathédrale de Lichfield; il rappelle la mort prématurée des deux enfants d'un des dignitaires de cette église. On l'admire pour la simplicité et la pureté du dessin, le travail soigné et précieux; on le regarde comme un des meilleurs ouvrages de Chantrey, sculpteur distingué.

MONUMENT IN LICHFIELD CATHEDRAL.

This beautiful sepulchral monument was erected about ten years since in Lichfield Cathedral, and records the untimely death of the two children of a dignitary of that church. It has been universally admired for its simplicity and purity of design, and for its careful and elaborate execution; and is considered one of the most successful performances of its distinguished sculptor.

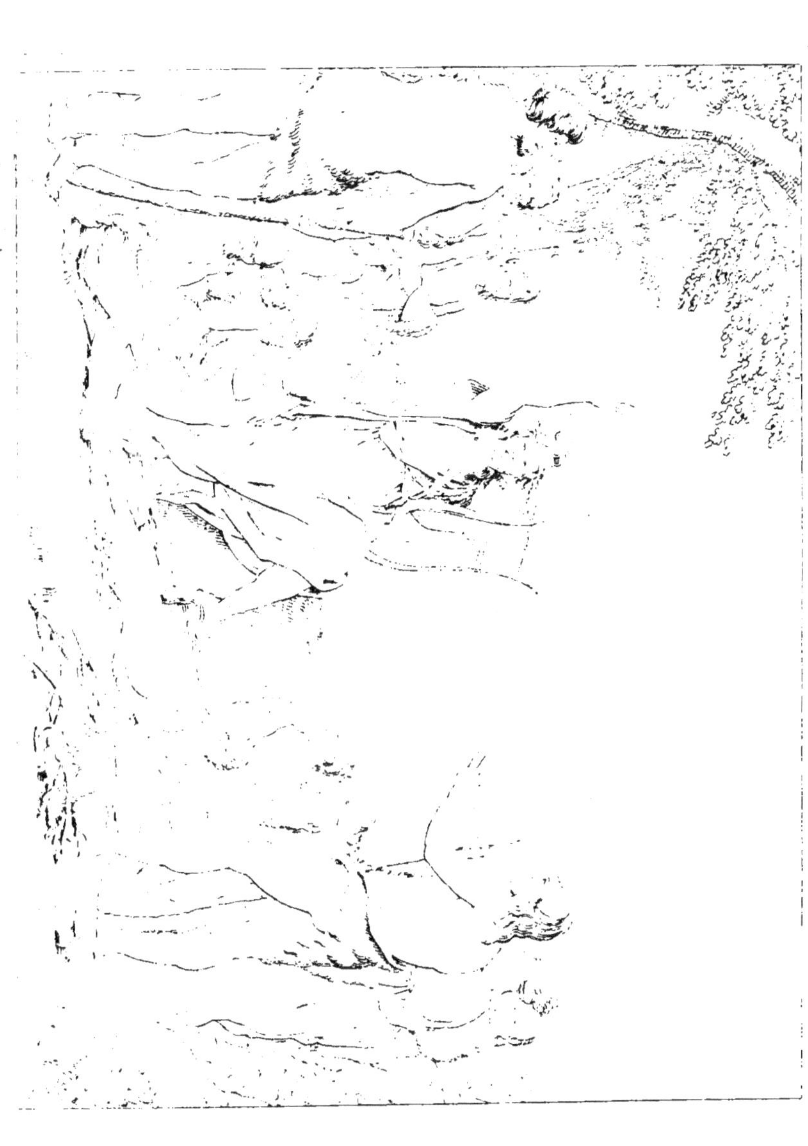

ORPHÉE.

En peignant l'histoire d'Orphée, Barry a voulu représenter ce personnage comme instituteur de la théologie des Grecs, et réunissant en lui-même les rôles de législateur, de prêtre, de philosophe, de poète et de musicien. Il le met dans un pays inculte, entouré d'hommes aussi sauvages que leur sol : c'est à eux que ce messager des dieux adresse ses chants instructifs qu'il accompagne aussi des doux accents de sa lyre. Ses auditeurs sont dans l'état de nature, armés de massues et couverts des dépouilles de la chasse; on voit qu'ils ont le courage et la force de dompter les bêtes féroces mais qu'ils n'ont ni la prévoyance ni l'habileté nécessaire pour prévenir les nombreuses attaques qu'ils ont à en souffrir ainsi que leurs enfants encore plus faibles qu'eux. La femme qui porte un faon sur ses épaules montre le peu de cas que les sauvages font du sexe; chez eux, tous les travaux fatigants, à l'exception de ceux de la guerre et de la chasse, se font par des femmes. Au second plan on voit un lion près d'une chaumière sans défense où se trouvent une femme et deux enfants; dans le lointain on aperçoit un tigre qui vient de se jeter sur un cheval.

Comme Orphée enseigna l'usage des lettres, la théogonie et le culte des dieux, le peintre a placé autour de lui des papiers, un agneau lié, un feu allumé et d'autres matériaux pour un sacrifice que l'on peut supposer être préludé de son chant.

ORPHEUS.

In painting the story of Orpheus Barry's aim was to represent him as the founder of the Grecian theology, uniting in
the same character the legislator, the divine, the philosopher,
and the poet, as well as the musician. He has placed him in
a wild and savage country, surrounded by people unculti-
vated as the soil; to whom this messenger of the Gods is
pouring forth his songs of instruction , which he accompa-
nies in the closes with the melodies of his lyre. His hearers
are represented in a state of nature , armed with clubs and
clad in the spoils of the chase; with courage and strength to
subdue wild beasts, but without wisdom and skill to prevent
frequent retaliation on themselves and their more feeble
offspring. The woman with the dead fawn on her shoulders
is intended to show the little estimation in which those of
the gentler sex are held among savage nations , where all
offices of fatigue or labour, war and hunting excepted , are
generally imposed on them. In the middle distance a lion is
prowling near the defenceless habitation of a woman and
two children , and farther off a horse is seized by a tiger.

As Orpheus taught the use of letters, Theogony, and the
worship of the Gods , the painter has placed around him
papers , a lamb bound, a fire kindled, and other materials
for a sacrifice to the Divinity, to which his song may be
supposed preparatory.

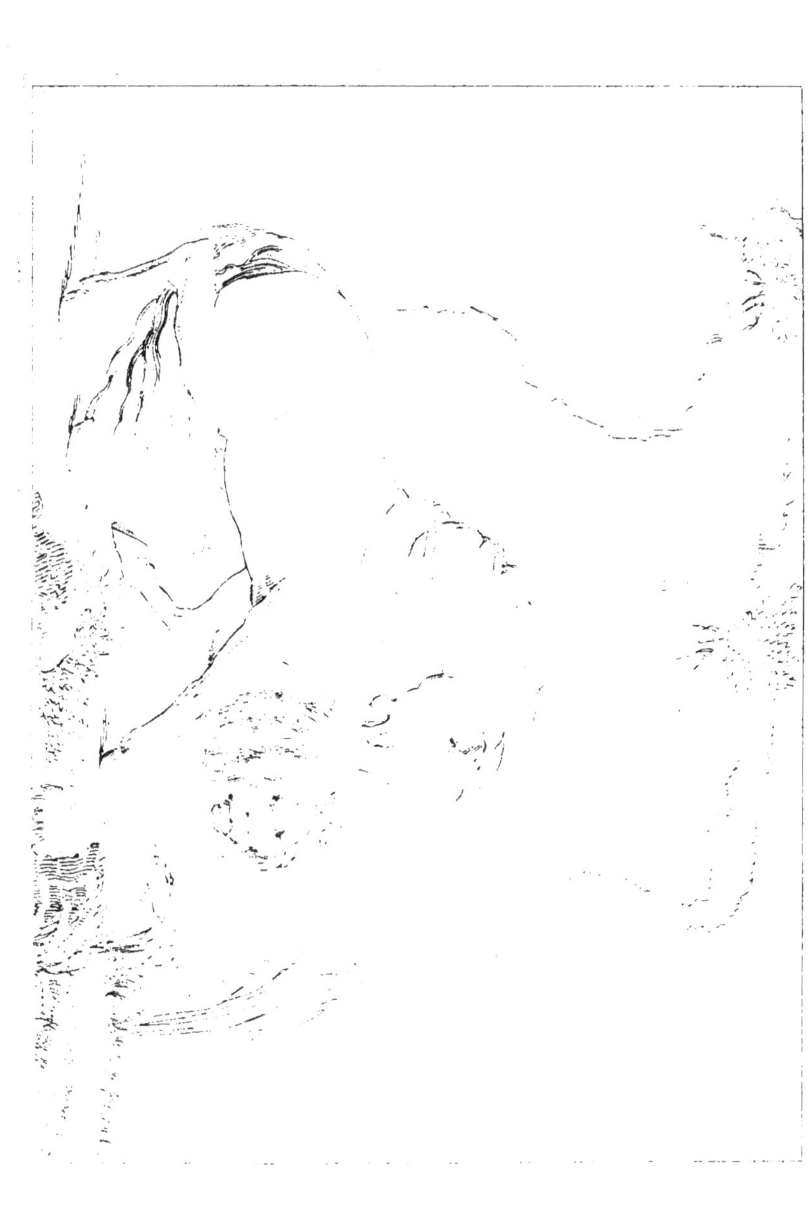

LE CHEVAL ET LE LION. N°. I.

Le goût que Stubbs avait pour l'histoire naturelle et sa grande connaissance de l'anatomie comparative le portaient facilement à peindre des sujets ayant rapport à de telles études. Voilà pourquoi il est rare de voir les animaux rendus plus exactement ou avec plus de hardiesse que ceux que ce peintre a représentés sur la toile ; cette remarque s'applique surtout à ses portraits de lions, de tigres et de chevaux.

Le tableau que nous donnons ici est composé des quadrupèdes que cet artiste choisissait de préférence : il représente le moment où un cheval sauvage, qui jusqu'alors a erré librement dans le désert, en parfaite sécurité, se trouve tout à coup dans le repaire d'un lion. Le coursier épouvanté est transi devant le monarque des forêts : on distingue son effroi et le saisissement de son corps à la vue du lion ; les yeux étincelants de celui-ci et la manière dont il se relève pour prendre l'élan fatal n'indiquent qu'avec trop de certitude le malheureux sort de sa victime.

Le dessin pur et l'expression forte qui caractérisent ce tableau sont bien soutenus par une couleur fidèle et un clair-obscur vigoureux. Cette composition a été gravée à l'eau-forte par Stubbs lui-même ; il en existe aussi une estampe en mezzo-tinte.

HORSE AND LION, N°. 1.

The predilection of Stubbs for the study of natural history and his great skill in comparative anatomy led him to the painting of subjects connected with, or resulting from, these studies : hence we seldom find animals in general, and the lion, the tiger, and the horse in particular, more accurately, or more spiritedly represented, than on the canvass of that painter.

The picture before us is composed from his favourite objects, and represents the instant when a wild Horse, who has hitherto ranged the waste in perfect security, enters unconsciously on the haunts of a lion. The frightened courser stands aghast in the presence of the monarch of the forest, fear and trepidation are visible in his whole frame as he marks the terrific glare of the lion's eyes, which, added to the gathering up of his limbs preparatory to the fatal spring, indicates too surely the impending fate of his victim.

The correct drawing and forcible expression which characterize this picture are efficiently supported by its fidelity of colour and vigourous light and shade. It has been etched by Stubbs himself, and also engraved in mezzo tinto.

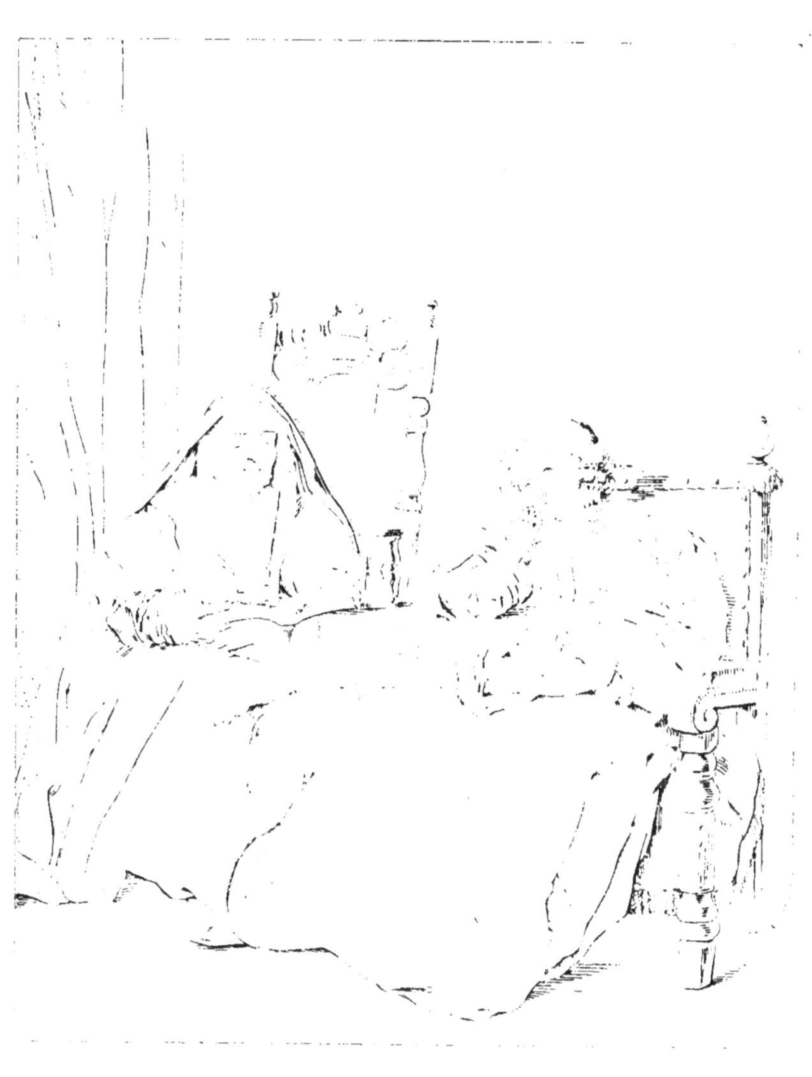

LA MÉDITATION.

Voici une de ces heureuses productions qui, joignant une composition simple, une fidélité de sentiment et d'expression à une distribution et à une touche de main de maître, sont sûres d'attirer l'admiration générale. Une femme âgée est occupée à lire; à côté d'elle est une jeune personne fort intéressante vêtue en satin blanc; elle appuie sa joue sur sa main comme si elle écoutait : « Elle entend et elle en est peu émue, ses yeux sont avec son cœur bien loin des objets autour d'elle. » Un chien guette attentivement sa maîtresse, voulant s'en attirer quelques caresses, mais elle a l'esprit entièrement occupé, et cette assiduité du favori ne reçoit aucune récompense.

Ce tableau est peint à l'aquarelle; il mérite par la vigueur, la richesse et l'harmonie de ses tons d'être compté parmi les meilleurs ouvrages en ce genre. Il a été soigneusement gravé à la manière noire par S. W. Reynolds.

M.

MEDITATION.

This is the hour when Memory wakes
 Visions of joy that could not last ;
This is the hour when Fancy takes
 A survey of the past !

She brings before the pensive mind,
 The hallow'd scenes of earlier years ;
And friends, who long have been consign'd.
 To silence aud to tears !

The few we lik'd ; — The ONE we lov'd,
 A sacred band ! —. Come stealing on ;
And many a form far hence remov'd,
 And many a pleasure gone !

Mrs. WILSON.

The annexed picture is one of those happy performances which, blending a simplicity of composition, a truth of sentiment and expression, with a masterly arrangement and handling, are felt and admired by every one. An elderly female is engaged in reading from a volume which is opened before her; near her an interesting young woman clad in white satin pensively leans her cheek on her hand in the attitude of listening ; but

She hears, and heeds it not.— Her eyes
Are with her heart and that is far away.

A favourite dog attentively watches the face of his mistress, anxious to win even a slight caress ; but her mental abstraction is complete, and his assiduity goes unrewarded.

This picture is painted in water colours, and its harmonious depth and richness of tone entitles it to rank among the most successful works of the kind : it has been carefully engraved in mezzo-tinto by S. W. Reynolds.

I I I.

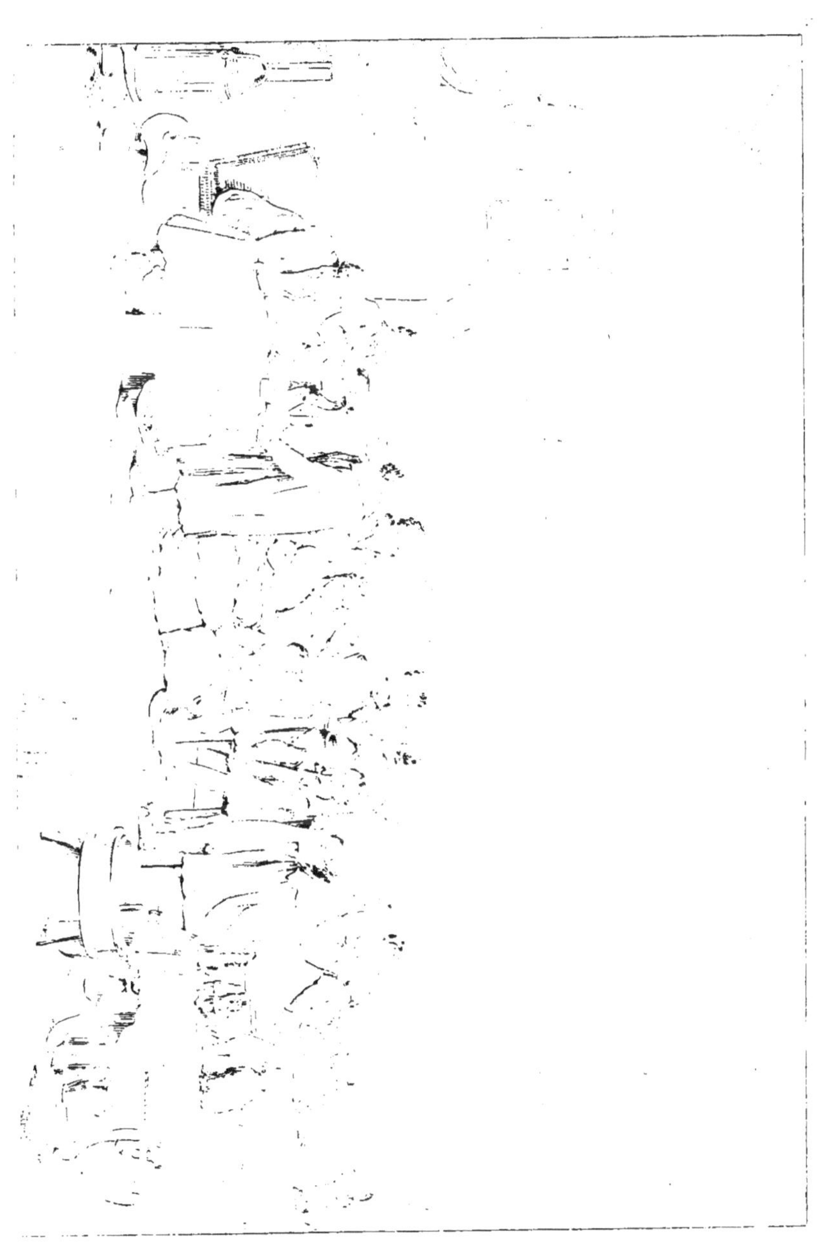

LE JOUR DE LOYER.

Cette importante époque a réuni dans une salle de comptabilité des campagnards qui se rendent tous les semestres chez leur propriétaire. A gauche du tableau, on voit l'Intendant qui est assis avec son clerc à côté de lui; il écoute un jeune fermier qui lui parle pour l'adoucir en faveur de son père, vénérable vieillard debout près du bureau. Au delà de ce premier groupe est un homme un peu âgé, occupé à compter ses doigts; on aperçoit que son tour approche. Une jeune veuve accompagnée de ses enfants, dont le plus jeune tient une clef dans les mains vient pour faire l'abandon de son habitation. Deux villageois font leur entretien à part; l'un d'eux, à sa manière de jouer avec les boutons de son compagnon, doit être un causeur éternel. Deux autres fermiers qui sont assis remplissent cette partie du tableau : l'individu qui tousse n'échappera pas à l'attention de l'observateur. Au second plan, à droite, on aperçoit plusieurs fermiers qui ont payé leurs loyers et qui maintenant se régalent aux dépens de leur seigneur : l'abondance se voit sur la table, mais les grâces n'y prennent guère part. Un laquais poudré fait remarquer aux convives les bouteilles de son maître ; à la manière qu'elles sont bouchées elles doivent contenir du bon. Nul doute que les affaires du matin finies le reste de la journée sera consacré à la gaieté.

Le peintre n'avait que vingt et un ans quand il exécuta ce beau tableau : à une composition correcte et un dessin pur il joint une expression fidèle et vigoureuse ; le ton de couleur en est suave. L'artiste y remplit pleinement la haute idée que l'on s'était formée de lui d'après ses ouvrages précédents, l'Aveugle Joueur de Violon, et les Politiques de Village. Il appartient au comte de Mansfield et a été bien gravé par A. Raimbach.

THE RENT DAY.

This important day has re-united in the Audit Room the Steward's regular half-yearly visitants. He is seated on the left with his clerk at his elbow , and listens to a farmer who addresses him less on his own behalf than on that of his father, a venerable rustic standing at the table : beyond these figures , an elderly man, whose turn next approaches , is occupied in counting his fingers. A young widow with her children are there , she is come to give up her farm, of which the key is seen in her infant's hands. Two countrymen , one of whom belongs to the class of button-holders, engaged apart in eager conversation, and two other tenants, seated , complete this part of the picture ; the coughing figure will not escape observation. In the recess on the right several of the tenants who have settled their accounts are regaling on their Landlord's good cheer; abundance has decked the board but the Graces do not preside : a powdered lackey, introduces his master's well-corked bottles to their notice , and a morning of business will be followed by an afternoon of jollity.

This fine picture was executed by the painter in his twenty-first year ; it unites correctness of composition and drawing, with just and forcible expression , and a mellow tone of colour, and fully realized the high expectations excited by his previous works, the Blind Fiddler, and the Village Politicians. It is the property of the Earl of Mansfield, and has been worthily engraved by A. Raimbach.

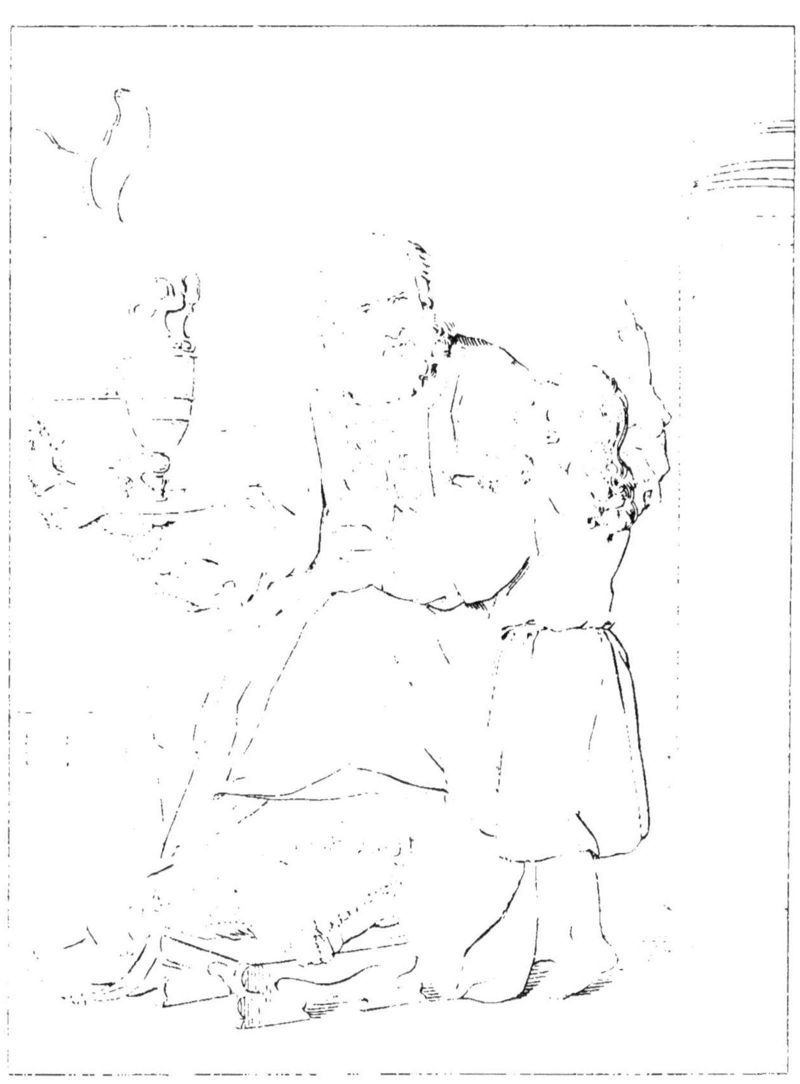

SAMUEL ET HÉLI.

Le troisième chapitre du premier Livre des Rois a fourni le sujet de ce tableau. Les nombreuses transgressions des fils d'Héli ayant depuis long-temps provoqué la colère divine, le Seigneur fit choix du jeune Samuel comme messager auprès du Grand-Prêtre Héli. Ce vénérable personnage reçut avec une pieuse résignation le terrible avertissement qui lui annonçait la prochaine destruction de toute sa maison. « Samuel craignait de dire à Héli la vision qu'il avait eue. Héli appela donc Samuel et lui dit : Samuel, mon fils. Il lui répondit : Me voici. Héli ajouta : Qu'est-ce que le Seigneur vous a dit ? ne me le cachez point, je vous en prie ; que le Seigneur vous traite dans toute sa sévérité, si vous me cachez rien de toutes les paroles qui vous ont été dites. Samuel lui dit donc tout ce qu'il avait entendu, sans lui en rien cacher. Héli répondit : Il est le Seigneur, qu'il fasse ce qui est agréable à ses yeux. »

Ce tableau est d'une bonne composition, le dessin en est correct, le clair-obscur large, naturel et bien adapté au sujet ; il a cependant le caractère général des autres ouvrages de Copley, celui d'être remarquable par un ton de de couleur tranchant plutôt qu'harmonieux. V. Green en a donné une excellente gravure à la manière noire.

SAMUEL AND ELI.

This subject is taken from the third chapter of the first Book of Samuel. The manifold transgressions of the sons of Eli having long provoked the divine displeasure, the infant Samuel was chosen as the Lord's messenger to the venerable High Priest, who received the awful communication, which revealed to him the approaching destruction of his House, with pious resignation.

« And Samuel feared to shew Eli the vision.

16. Then Eli called Samuel, and said, Samuel my son. And he answered, here am I.

17. And he said, what is the thing that the LORD hath said unto thee? I pray thee hide it not from me: God do so to thee, and more also, if thou hide any thing from me, of all the things he said unto thee.

18. And Samuel told him every whit, and hid nothing from him. And he said, it is the LORD : let him do what seemeth him good. »

This picture is correctly composed and drawn, and its light and shade is broad, simple, and well adapted; but it partakes of the general character of Copley's works in being more remarkable for a gaudy than harmonious arrangement of colour. It has been well engraved in mezzo-tinto by Valentine Green.

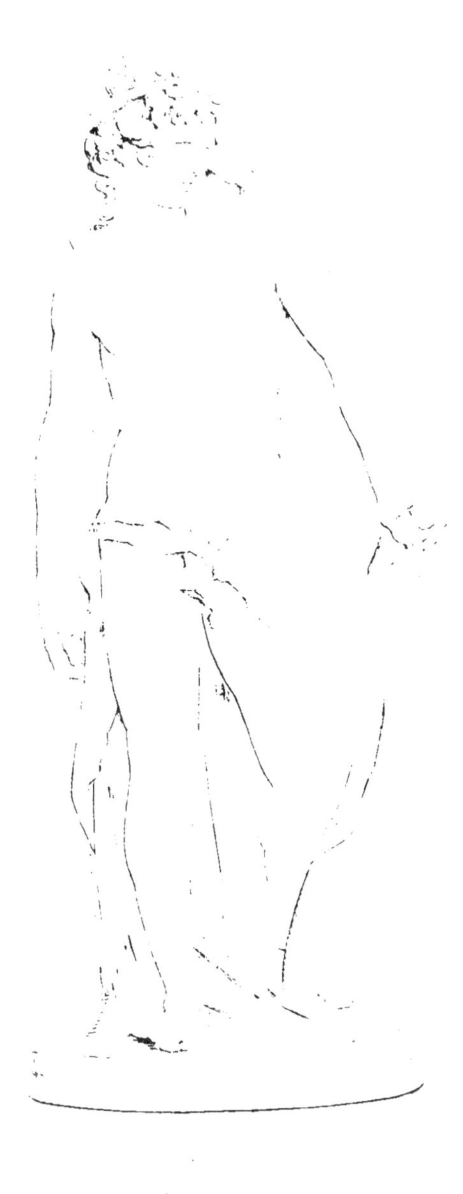

CUPIDON.

La haute réputation de Westmacott, sculpteur distingué, se trouve, s'il est possible, encore augmentée par cette superbe statue de Cupidon; conforme à toutes les règles de la belle sculpture elle prouve qu'un artiste moderne peut bien atteindre à la correction du dessin des Grecs.

Cette production admirable a été gravée dernièrement avec beaucoup de goût par J. Thompson, d'après un dessin fort pur de H. Corbould.

CUPID.

Tɴᴇ brilliant professional reputation of this distinguished sculptor is, if possible, enhanced by the beautiful statue of Cupid, which unquestionably possesses all the higher requisites of fine sculpture, and clearly establishes the capacity of a modern Artist to

> Revive the just designs of Greece.

This admired production of the chisel has been recently engraved with much taste by J. Thompson, after a very correct drawing by H. Corbould.

SCÈNE TIRÉE DE HENRI VI, PARTIE II.

Ce tableau représente l'incantation que font le devin Roger Bolingbroke, la Sorcière Margery Jourdain, et les prêtres Hume et Southwell pour complaire à l'ambitieuse duchesse de Glocester qu'une extrème anxiété de connaître l'avenir a mise en contact avec ces imposteurs. Quand elle leur dit de se mettre à l'œuvre, Bolingbroke répond avec toute l'astuce des gens de son espèce : « Patience, ma bonne dame, les magiciens connaissent leur temps ; la profonde nuit, la sombre nuit, l'heure de la nuit où l'on mit le feu à Troie ; le temps où errent les oiseaux funèbres, où hurlent les chiens de garde, où les esprits errent librement, où les mânes brisent leurs tombeaux : tel est le temps propre à l'œuvre qui nous tient occupés. »

Shakspeare, IIᵉ. Partie de Henri VI, Acte I, Sc. IV.

Il résulte de ces cérémonies qu'il apparaît un esprit qui répond d'une manière ambigue aux questions qu'on lui fait.

L'artiste ne s'est pas écarté du texte pour revêtir les acteurs dans cette opération impie d'une dignité au-dessus de leur sphère ; il les a peints sur la toile tels que l'on doit se figurer de pareils individus qui, dans les temps de l'ignorance, auraient eu recours à la magie pour en obtenir un augure. Il a cependant mis dans sa composition toute la vérité et toute la force de coloris qui distinguent particulièrement ses ouvrages ; le clair-obscur aussi y est ménagé d'une manière imposante.

Peint pour la Galerie de Shakspeare ce tableau a été gravé pour la grande série, par Playter et Thew

SCENE FROM HENRY VI, PART. II.

This picture represents the incantation performed by the conjuror Roger Bolingbroke, Margery Jourdain the cunning witch, and the priests Hume and Southwell, at the desire of the ambitious Duchess of Gloster, whose overweening anxiety to pry into futurity had leagued her with those impostors. To her urgent request that the business might proceed, Bolingbroke replies in the characteristic jargon of his trade,

> « Patience, good lady ; wizards know their times :
> Deep night, dark night, the silence of the night,
> The time of night when Troy was set on fire ;
> The time when screech-owls cry, and ban-dogs howl,
> And spirits walk, and ghosts break up their graves,
> That time best fits the work we have in hand. »
>
> Shakspeare's *Henry VI*, Part II. Act I. Scene IV.

The result of their diabolical ceremonies is the production of a spirit who mysteriously responds to the questions demanded of him.

The painter has not departed from his text to invest the actors in this unhallowed business with a dignity above their station, they appear on his canvass precisely such persons, as may be imagined would, in unenlightened times, resort to necromancy for an oracle. He has, however, spread over the composition all that truth and force of colouring so peculiarly his own, and sustained it by an impressive arrangement of light and shade.

This picture was painted for the Shakspeare Gallery and engraved for the larger series by Playter and Thew.

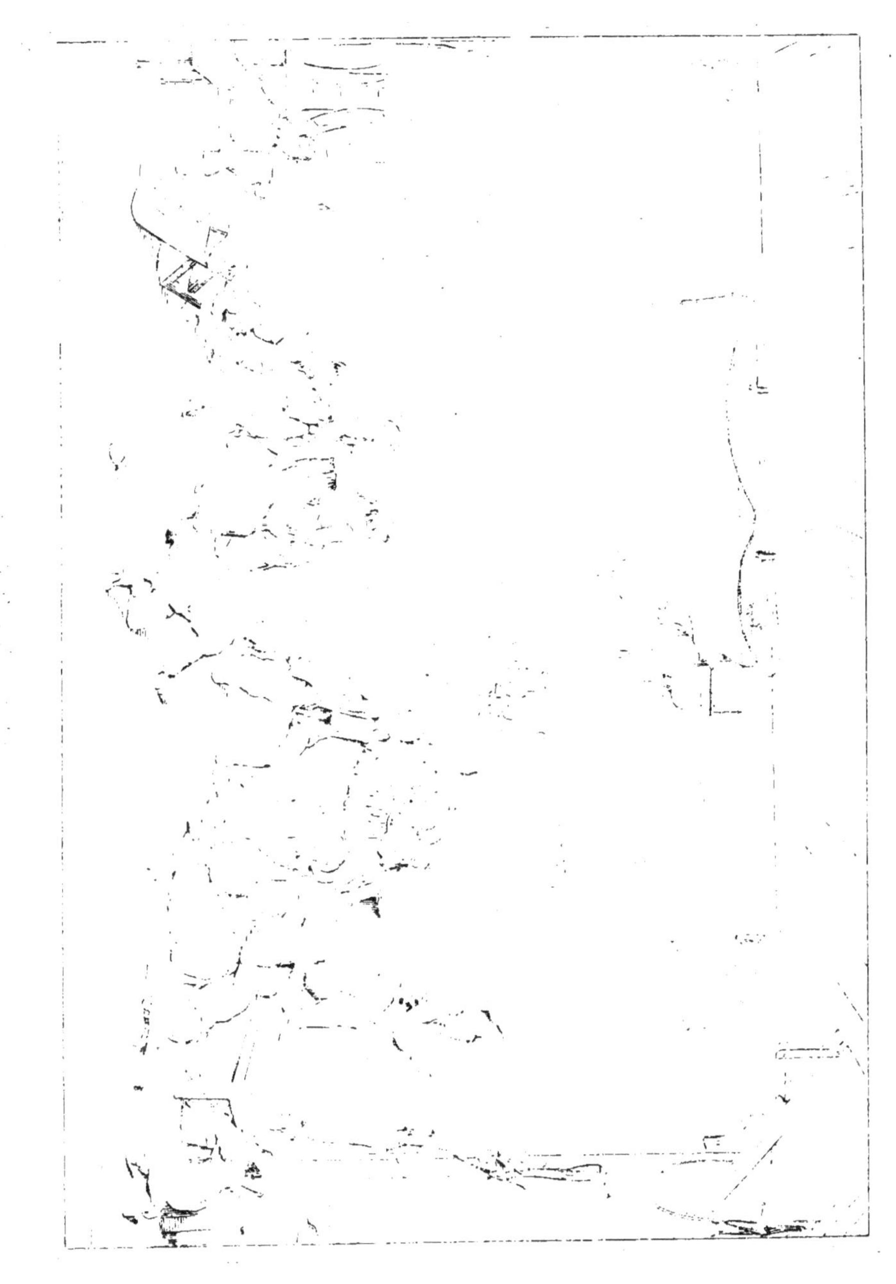

LE COLIN-MAILLARD.

CETTE composition représente une joyeuse troupe de villageois réunis après les travaux du jour dans une grande salle pour y jouer au Colin-Maillard. Ce gai divertissement a mis en mouvement hommes, femmes, enfants, tous animés de la même allégresse. Presque au milieu du tableau on voit le principal personnage, individu d'un moyen âge, il a les yeux bandés et les bras étendus vers un groupe dont le rire mal étouffé a attiré son attention; de sa main gauche il a presque saisi un homme qui, pour s'esquiver, se blottit dans un coin, sans égard aux souffrances que son mouvement rétrograde occasione à ceux qui se trouvaient là avant lui. Un jeune garçon qui court risque aussi d'être pris se tapit sous les pieds du Colin-Maillard; une jeune femme s'échappe en se traînant sur ses genoux. Une jeune fille qui est fort jolie reçoit les attentions un peu prononcées de deux admirateurs à la fois. Un petit espiègle tire l'habit du pauvre Colin, et plusieurs jeunes gens le suivent en guettant tous ses gestes; plus loin, à gauche, deux enfants qui étaient montés sur une chaise tombent et, semblables à d'autres grimpeurs, entraînent dans leur chute ceux qui sont à leur suite.

Il est impossible dans un aussi court espace que le nôtre de rendre justice au mérite de ce charmant tableau. On peut à la vérité d'après la gravure que nous en donnons se former une idée juste de la composition, mais pour le bien apprécier il faut en voir l'excellente expression, la couleur fidèle et harmonieuse, l'effet large, la touche ferme et délicate et le fini précieux. Toutes les qualités dont un habile burin peut se saisir ont été transmises à la belle estampe qu'en a donnée A. Raimbach. Ce tableau fut peint pour feu S. M. Georges IV et gravé d'après ses ordres

116.

BLINDMAN'S BUFF.

This composition represents a joyous company of rustics assembled in a spacious room to amuse themselves after the toils of the day in the pastime of Blindman's Buff, and the mirth-inspiring sport has brought into action men, women, and children, all animated alike by a spirit of harmless frolic. The hero of the game, a middle-aged individual, is perceived near the centre; he cautiously gropes his way with arms extended towards several persons whose ill-suppressed laughter has caught his ears, and his left hand is nearly in contact with a man, who to avoid it, shrinks back into the corner of a settle, without compunction for the suffering which his retrograde movement causes to the prior occupants of the niche. A youth, in equal jeopardy of the touch, crouches at his feet; and a young woman escapes on her kness. Another damsel, whose personal attraction may be inferred, receives the marked attention of two of her admirers at the same time. A mischievous boy pulls the coat of the hood-winked figure, and a group of young people follow his footsteps, and watch all his movements : farther to the left, two boys who had climbed upon a chair, have, like other climbers, met with a fall which involves their followers in the calamity.

It is impossible in our limited space to do justice to this admirable picture. An adequate idea of its composition indeed, may be formed from the annexed outline, but its excellence of expression, its truth and harmony of colour, its breadth of effect, its firm yet delicate pencilling, and its elaborate finish, must be seen to be thoroughly appreciated. As many of these qualities as engraving could preserve have been ably trnsferred to the beautiful Print of Blindman's Buff, by A. Raimbach. The original picture was painted fo , and by command of, the late king George IV.

FÊTE CÉRÉALE DES GRECS.

La Fête Céréale des Grecs ou Actions de grâces envers les divinités champêtres Cérès, Bacchus, etc., est le second sujet que Barry a peint pour montrer les progrès de la civilisation parmi les hommes. Au milieu du tableau se trouve un groupe de jeunes garçons et de jeunes filles qui dansent autour d'un double Terme de Pan et de Sylvain : à droite on voit le père ou chef du festin et sa vieille épouse assise près de lui ; à gauche est un autre groupe de laboureurs qui se réjouissent ; à côté d'eux il y a des fruits, des fleurs et des instruments d'agriculture : au delà du groupe du milieu on aperçoit une couple de bœufs traînant du blé vers une aire. Cérès, Bacchus et Pan contemplent avec bonté l'innocente allégresse de leurs adorateurs. Dans le lointain on entrevoit des cultivateurs occupés à lier du blé et à d'autres travaux d'agriculture. Le peintre pour indiquer le bonheur du mariage a mis des enfants de tous côtés. Des vieillards assistent avec plaisir à des jeux athlétiques auxquels ils ne peuvent plus prendre part que comme spectateurs. « Ces amusements rustiques, d'après ce qu'il nous a été transmis par les anciens, ont donné naissance aux jeux olympiques, isthmiques et néméens des Grecs, sages et belles institutions nationales si dignes d'admiration : ils forment le sujet du troisième tableau de cette série. »

A GRECIAN HARVEST HOME.

THE Grecian Harvest Home, or Thanksgiving to the rural deities Ceres, Bacchus, etc., is the second of Barry's pictures illustrative of the progress of civilization. The centre is occupied by a group of youths and maidens dancing round a double terminal figure of Pan and Sylvanus. On the right is seen the father or master of the feast, with his aged wife seated beside him; on the left a group of inferior rustics are carousing amidst fruits and flowers and implements of husbandry : beyond the central group two oxen are drawing a load of corn to the threshing floor. Ceres, Bacchus, and Pan, look down with satisfaction on the innocent festivity of their votaries. In the distance is a farm-house, binding of corn, and other agricultural avocations; domestic happiness is glanced at, and a number of children are seen in all parts. Rural and athletic sports are likewise shown, with groups of aged men enjoying as spectators those manly exercises in which they can no longer participate : « And which (as we are informed by the ancients) gave rise to those wise and admirable national institutions the Olympian, Isthmian, and Nemean games of the Grecians, which make the subject of the next picture. »

LES PLÉIADES.

D'après Milton, les sept filles d'Atlas et de Pléione sont les avant-coureurs du Soleil et précèdent son lever : « L'astre du jour parut d'abord à l'Orient. Charmé de parcourir son vaste cercle dans la haute carrière des cieux, il éclairait l'horizon. L'Aurore préparait son chemin, et les Pléiades, dansant devant lui, versaient de douces influences. »

Milton, Paradis Perdu, Liv. III.

L'artiste a rendu cette description avec un sentiment digne de celui du poëte ; l'ordonnance pleine de goût, la correction du dessin et la pureté du coloris qui caractérisent le tableau des Pléiades, le mettent parmi les plus heureuses productions du peintre : sir John Leicester, lord de Tabley, en fit l'acquisition pour sa Galerie Anglaise : il appartient maintenant au marquis de Stafford, qui vient de permettre que William D. Taylor en grave une belle planche au profit de la Société Bienveillante des artistes.

Larg. : 4 pieds ; haut. : 2 pieds 6 pouces.

THE PLEIADES.

THE beautiful daughters of Atlas are represented as harbingers of the Sun and preceeding him in his rising, according to Milton.

> First in his east the glorious lamp was seen,
> Regent of day, and all th' horizon round
> Invested with bright rays, jocund to run
> His longitude through Heav'n's high road: the grey
> Dawn, and the Pleiades, before him danc'd,
> Shedding sweet influence.
>
> PARADISE LOST, Book VII.

The Artist has embodied this description with a kindred poetical feeling, and the tasteful composition, correctness of drawing, and chastness of colour, which characterize the picture of the Pleiades, rank it among its accomplished painter's most successful productions. It was purchased by Sir John Leicester, Lord De Tabley, for his Gallery of Pictures of the English School : it is now in the possession of the Marquis of Stafford, by whose permission a fine Plate is engraving from it by William D. Taylor, in aid of the Artists' Benevolent Fund.

Size 3 feet 8 inches, by 4 feet 3 inches.

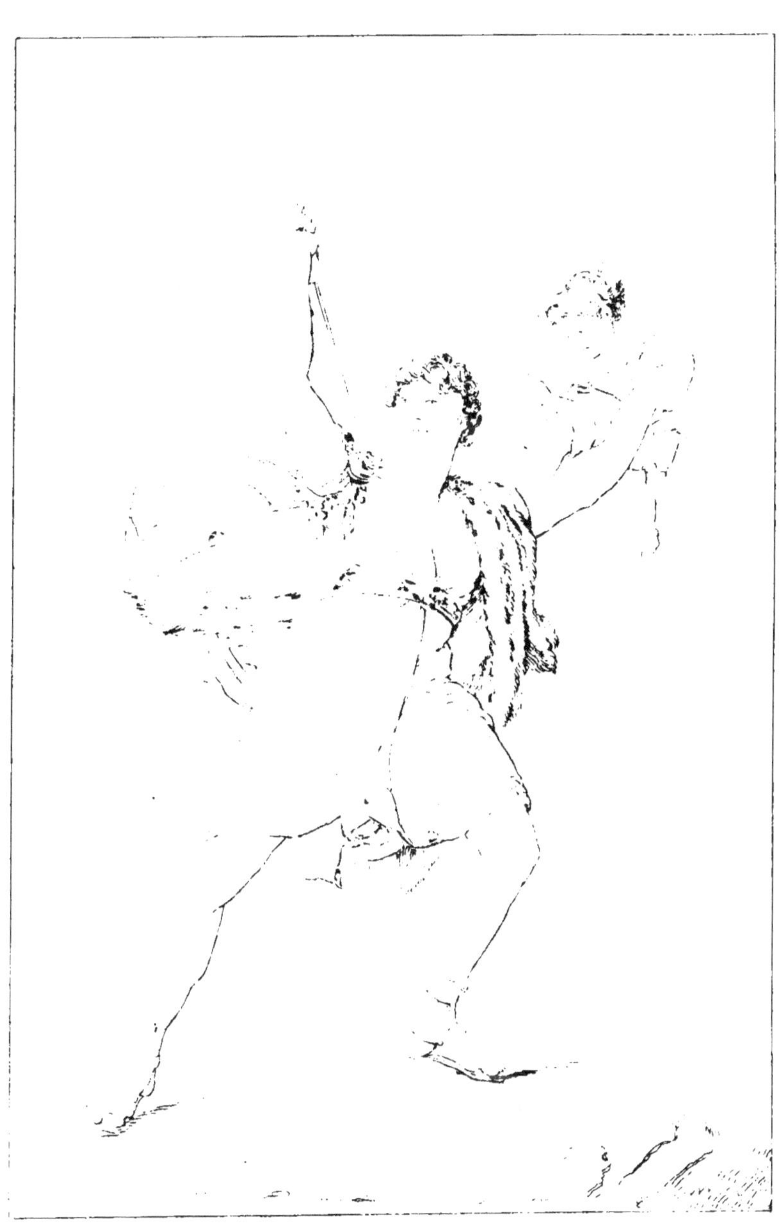

KEMBLE DANS LE ROLE DE ROLLA.

Ceux qui ont eu l'avantage de voir John Kemble dans les rôles de Wolsey, de Coriolan, de Brutus ou d'Hamlet, n'oublieront jamais sa belle physionomie pleine d'expression et son air imposant si bien adaptés à représenter les grands personnages ; mais il faudra que la postérité se contente d'en former ses idées d'après les nombreux et excellents portraits que le pinceau harmonieux de son ami sir Thomas Lawrence a laissés. Le tableau de Kemble dans le rôle de Rolla fait le pendant de l'Hamlet, déjà donné dans notre premier volume. Le moment représenté est celui où, après avoir imploré en vain que les brigands de Pizarro cèdent l'enfant de Cora, il l'arrache de leurs mains, s'adressant ainsi au chef-brigand : « Cette épée fut donc un don du ciel et non de toi ! celui qui osera avancer d'un pas meurt à l'instant. »

Pizarro, acte V, scène II.

Peint d'une main de maître, ce tableau a été très-bien gravé en mezzo-tinte, par S. W. Reynolds.

KEMBLE IN ROLLA.

THE finely expressive countenance and commanding figure of John Kemble so peculiarly advantageous to the personification of the loftier range of dramatic character , will not be easily forgotten by those who have had the gratification of witnessing his Wolsey , his Coriolanus , his Brutus, or his Hamlet. The rising generation and posterity must be content to form their ideas from the many excellent portraits which Lawrence's harmonious pencil has preserved of his friend. The picture of Kemble in the character of Rolla forms an interesting counterpart to his portrait as Hamlet, given in our first Volume. The action represented is the instant when, after having vainly implored the release of Cora's child from the ruffians of Pizarro, he plucks the boy from their hold, and declares to the chief Brigand himself: " Then was this sword heaven's gift , not thine! Who moves one step to follow me, dies upon the spot. "   PIZARRO , Act. V , Scene II.

This masterly picture has been well engraved in mezzotinto by S. W. Reynolds.

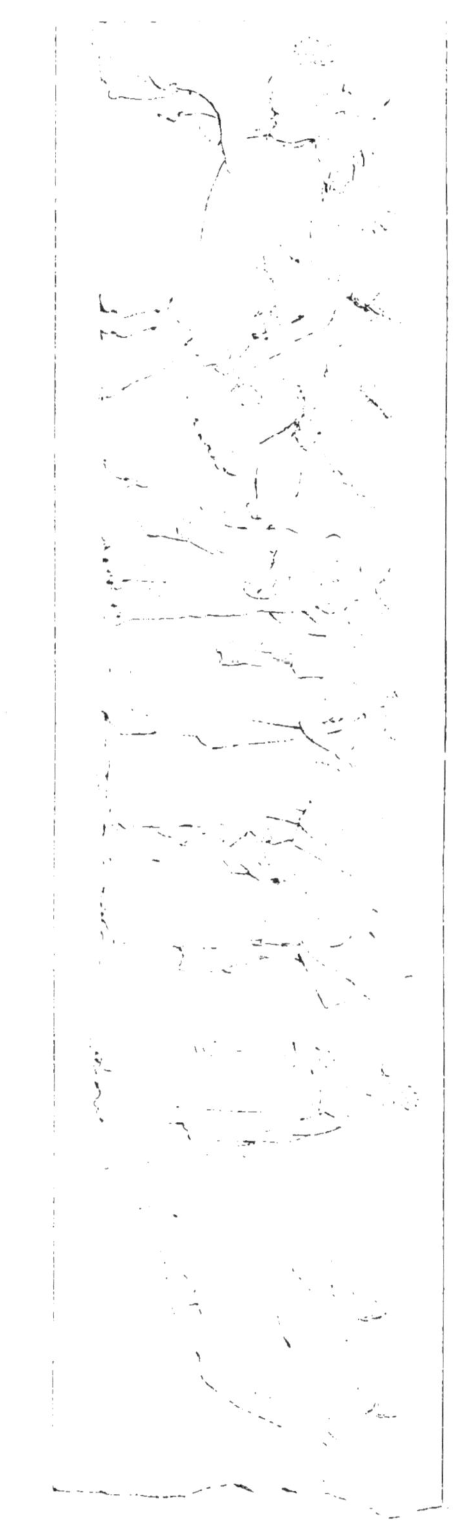

L'ANCIEN DRAME, N°. I.

Le théâtre de Covent-Garden est un des monuments publics de Londres du petit nombre de ceux qui ont été construits dans cette ville d'après des modèles classiques. Flaxman en a orné la façade de statues et de bas-reliefs conçus avec ce goût pur et avec ce désir d'atteindre la perfection de l'antique qui ont excité l'admiration dans ses dessins d'après Homère et Eschyle.

La gravure que nous donnons ici représente la moitié du bas-relief dans lequel est figuré l'Ancien Drame ; les deux personnages assis sont Aristophane et Ménandre, l'Ancienne et la Nouvelle Comédie : « Thalie, avec son bâton et son masque comique, se présente à eux pour qu'ils l'imitent ; elle est suivie de Polymnie jouant de la grande lyre, d'Euterpe jouant de la petite lyre, de Clio avec sa flute et de Terpsichore, muse du geste ou de la pantomime. Ensuite viennent trois nymphes couronnées de feuilles de pin et vêtues en tuniques relevées ; elles représentent les Heures ou les Saisons, et accompagnent le cheval ailé Pégase et modèrent son ardeur. »

THE ANCIENT DRAMA, N⁰. I.

The front of Covent Garden theatre, one of the few public buildings in the Metropolis of Great Britain that have
been constructed on classical models, is enriched with Statues and Bassi-Relievi by Flaxman, conceived with all that
purity of taste and emulation of the antique which has excited so much admiration in his designs from Homer and
Æschylus.

The annexed engraving represents one half of the Basso-
Relievo illustrative of the Ancient Drama : the two seated
figures are Aristophanes and Menander, representing the Old
and New Comedy of the Greeks. « Before them Thalia pre-
sents herself with her crook and comic mask as the object of
their imitation. She is followed by Polyhymnia playing on
the greater lyre, Euterpe on the lesser lyre, Clio with the
pipes, and Terpsichore the muse of action, or pantomime.
These are succeeded by three nymphs, crowned with the
leaves of the fir-pine, and in succint tunics, representing
the Hours or Seasons governing and attending the winged
horse Pegasus. "

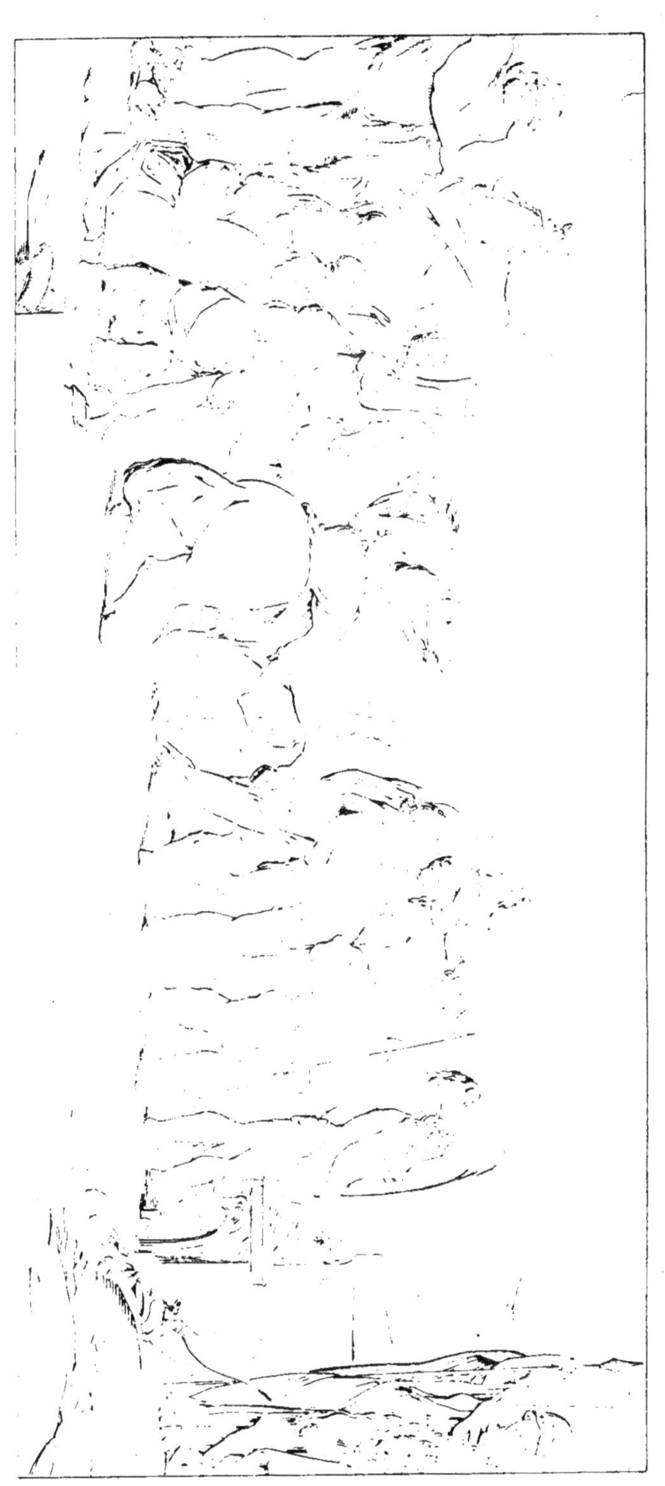

LES VAINQUEURS COURONNÉS A OLYMPIE.

Dans ce beau tableau, Barry représente le moment où les vainqueurs aux différents jeux passent devant les juges dont l'un déclare l'olympiade, avec le nom, la famille et la patrie de celui qui a remporté le prix ; près d'une table au-dessous d'eux est un officier qui couronne le champion sorti victorieux de la course à pied, et qui a déjà reçu une branche de palmier. Ensuite vient un homme qui a couru armé d'un casque, d'une lance et d'un bouclier ; après lui viennent deux frères, vainqueurs aux jeux ; ils portent leur père en triomphe au milieu des acclamations de la Grèce assemblée. Ce vieillard est Diagoras de Rhodes à qui Pindare a dédié sa septième Ode olympique ; dans sa jeunesse il avait souvent remporté la victoire à ces jeux : un spectateur lui adresse ces paroles mémorables : « Diagoras, meurs maintenant, car tu ne peux devenir un dieu. » L'intérêt qu'excite ce beau groupe est encore relevé par l'enfant qui saisit le bras de son père, pour lui témoigner le plaisir qu'il ressent en voyant les honneurs rendus à son grand-père. Le vainqueur à la course à cheval arrive après, suivi de l'individu qui a remporté le prix à la course des chars ; ce dernier personnage est Hiéron de Syracuse ; il est entouré de joueurs d'instruments : sur le devant on voit Pindare qui mène une bande de jeunes gens chantant une de ses Odes qu'il accompagne de sa lyre.

Parmi les spectateurs se trouvent les plus célèbres personnages de la Grèce, contemporains de Pindare et d'Hiéron ; on voit dans le lointain la ville d'Élide et le fleuve Alphée. Enfin, le tableau est terminé de chaque côté par les statues colossales d'Hercule et de Minerve, pour rappeler cette force du corps et de l'esprit, principal but de l'éducation chez les Grecs.

CROWNING THE VICTORS AT OLYMPIA.

In this magnificent picture Barry has shown that point of time when the Victors in the several games are passing before the Judges, one of whom declares the Olympiad, with the name, family and country of each conqueror; near a table beneath them is an officer crowning a victor in the Foot Race, who has previously received a Palm-Branch. Next follows a man who ran armed with helmet, spear, and shield; to him succeed two brothers, conquerors in the Games, carrying their aged Father in triumph amidst the acclamations of assembled Greece : this old man is Diagoras of Rhodes, to whom Pindar inscribed his seventh Olympic Ode, and who, having in his youth been often victorious in these contests, is now addressed by a spectator with the memorable words « Now Diagoras die for thou canst not be made a God. » The interest of this beautiful group is heightened by the figure of a child grasping his father's arm, and expressing his delight at the honours conferred on his grandfather. After these comes the Horse Racer, followed by the victor in the Chariot Races, the latter personage is Hiero of Syracuse, he is surrounded by performers on musical instruments, and in the front is Pindar leading a Chorus of youths who sing one of his Odes accompanied with his lyre.

The spectators consist of some of the most celebrated characters of Greece contemporary with Pindar and Hiero. In the distance is seen the town of Elis and the river Alpheus. The picture is terminated by colossal statues of Hercules and Minerva, « comprehensive exemplars of that strength of body, and strength of mind, which were the two great objects of Grecian education. "

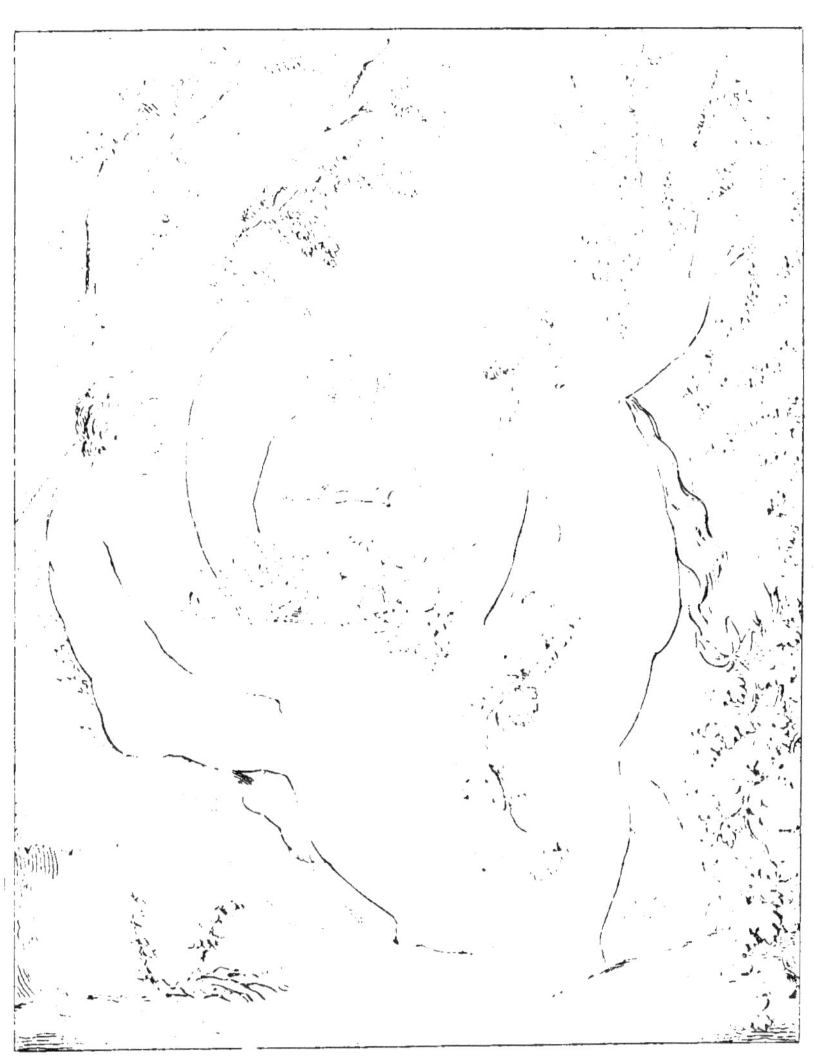

RAPHAËL, ADAM ET ÈVE.

L'ARCHANGE Raphaël, étant envoyé pour avertir et conseiller Adam, est entretenu « par nos premiers parents dans leur champêtre retraite, qui réjouissait la vue comme les berceaux de Pomone, ornés de fleurs et de parfums. Plus charmante par sa seule beauté que la déesse des bois, ou que la plus belle des trois divinités qui, suivant la Fable, exposèrent toutes leurs grâces sur le mont Ida, Ève se tint debout, pour faire honneur à son hôte céleste. Elle n'avait pas besoin de voile; sa vertu la voilait assez; nulle pensée déréglée n'altérait le coloris de ses joues...... Elle part d'un air actif, tout occupée du choix qu'elle doit faire, pour offrir à leur hôte ce qu'il y a de plus délicat...... Elle cueille de tous les fruits que la Terre, mère féconde en productions, fait connaître; et d'une main délicate elle les dresse en pyramide, les accompagnant de guirlandes. »

MILTON, Paradis Perdu, Liv. V.

Cette composition est empreinte de toute la grâce et de toute la simplicité qui caractérisent le goût cultivé du peintre Stothard, et que son pinceau rend avec tant d'habileté; le dessin et l'expression sont purs, le coloris est doux et harmonieux. Ce tableau a été gravé par Bartolozzi.

RAPHAEL, ADAM, AND EVE,

The Archangel Raphael being sent before the fall to admonish, and counsel Adam, is received and entertained by our first parents in a sylvan lodge

> « That like Pomona's arbour smil'd
> With flow'rets deck'd, and fragrant smells ; but Eve
> Undeck'd save with herself, more lovely fair
> Than Wood-Nymph , or the fairest Goddess feign'd
> Of three that in mount Ida naked strove ,
> Stood to entertain her guest from Heav'n ; no veil
> She needed , virtue-proof ; no thought infirm
> Alter'd her cheek. . . . .
> · . . . . With dispatchful looks in haste
> She turns, on hospitable thoughts intent. . . .
> · . . . . .Fruit of all kinds , in coat
> Rough or smooth rind , or bearded husk or shell ,
> She gathers , tribute large , and on the board
> Heaps with unsparing hand. »
>
> Milton's Paradise Lost , B. V·

This composition is imbued with all the characteristic grace and simplicity which the highly-cultivated taste of its painter so skilfully imparts to the creations of his pencil ; its drawing and expression are pure and correct, and its colour mellow and harmonious. It has been engraved by Bartolozzi.

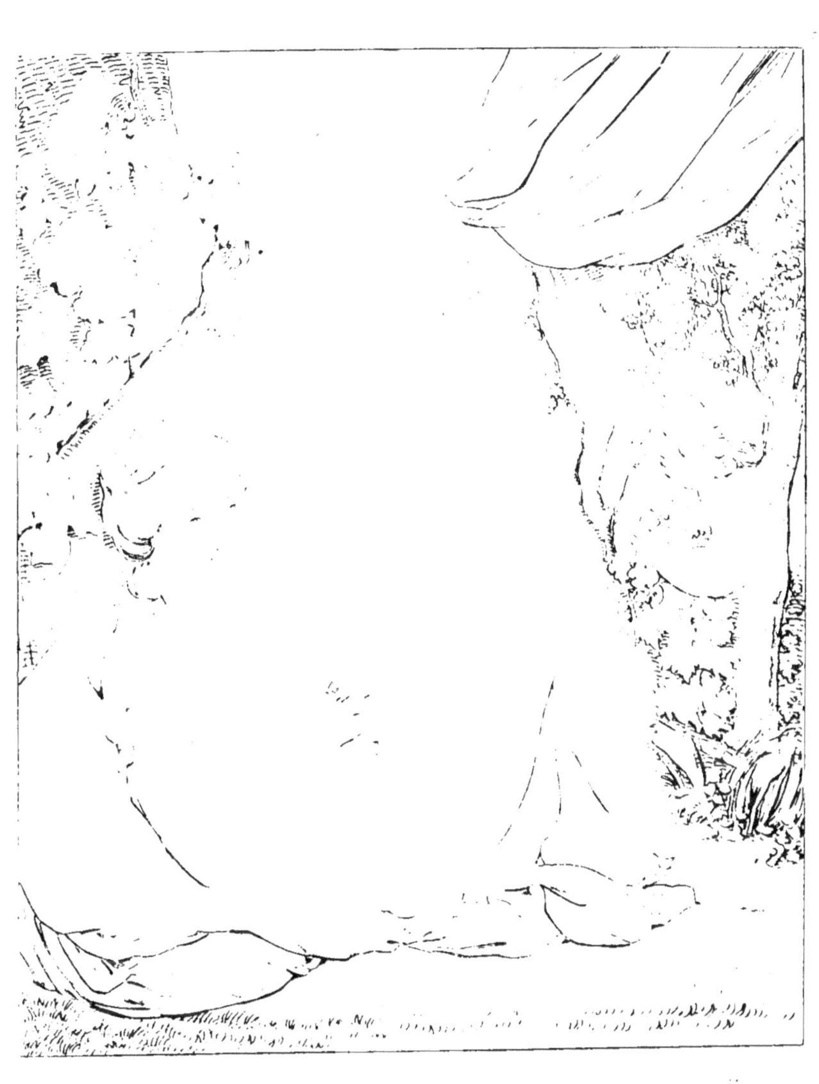

VÉNUS.

La déesse de l'amour et de la beauté repose sous un bosquet, d'où elle regarde d'un air folâtre Cupidon qui la guette en tapinois à travers le feuillage.

La simplicité de cette composition, le dessin soigné, et surtout le coloris brillant et la touche facile font compter ce tableau parmi les ouvrages les plus distingués de sir Josué Reynolds : il le légua dans son testament au comte d'Upper Ossory. Il a été gravé plusieurs fois ; la dernière et la meilleure estampe est celle que l'on doit à l'habile burin d'Abraham Raimbach.

VENUS.

The goddess of love and beauty reclines in her bower, and, with a playful archness of expression, gazes on Cupid who is peeping through the foliage.

The simplicity of this composition, its careful drawing, and, above all, its splendid colouring and freedom of touch, have secured it a distinguished place among the most admired productions of its painter, who bequeathed it to the Earl of Upper Ossory. It has been repeatedly engraved; the last and best print is from the skilful graver of Abraham Raimbach.

LA PÊCHE.

On confond quelquefois Richard Wright, l'auteur de ce tableau, avec un autre peintre, natif de Derby, portant le même nom et qui est plus connu. Le premier naquit à Liverpool et ne peignit guère que des marines. La Pêche est regardée en général comme son meilleur ouvrage : il est composé correctement, le clair-obscur en est large et naturel. En 1766, la Société d'Encouragement accorda à l'artiste un prix de 50 guinées (environ 1,250 francs) pour ce tableau. Il faut néanmoins observer que le site n'est pas anglais, que le vaisseau de guerre portant la bordée à terre, pendant qu'il force de voiles, est un incident improbable que la correction et la beauté du dessin ne peuvent faire excuser. Le titre de ce tableau est mal choisi, car le seul objet qui s'y trouve ayant rapport à la pêche est une voiture d'une construction assez bizarre, sur laquelle est inscrit *Fish Machine* (chasse-marée) : le conducteur de cette cariole se dirige vers la mer, pour le plaisir, sans doute, de baigner ses chevaux à la distance d'une encablure d'un vaisseau de soixante-quatorze dont les voiles portent à plein !

William Woollett grava ce tableau fort supérieurement et bientôt après on publia sur le continent un fac-simile de sa planche. J.-J. Avril en fit une de plus petite dimension en y mettant le nom de Vernet comme peintre. Cette manière de frauder un auteur de sa renommée fut répétée dans plusieurs occasions, les relations peu fréquentes qui existaient entre l'Angleterre et la France, il y a soixante ans, donnant beaucoup de facilité à faire passer de pareilles supercheries.

N. L.

THE FISHERY.

Richard Wright the painter of this picture is sometimes
confounded with his better known namesake of Derby. The
former was of Liverpool and chiefly painted marine subjects;
the Fishery is usually reputed his best production. It is correctly composed, the light and shade is distributed in a
broad and natural manner, and the Society for the Encouragement of Arts, etc. decreed a prize of fifty guineas to
the painter for his work, in the year 1766; but it may be
observed, that the scenery is not English, that the man of
war standing close in shore under a press of sail, is an improbable incident, which accuracy of delineation cannot
counterbalance, and that its title of a Fishery is equally
inappropriate, as the only piscatorial association hitches on
an odd-looking carriage, inscribed " Fish Machine, " whose
driver makes for the water, actuated apparently with the in-
tention of washing his horses within a cable's length of a
seventy-four in full sail!

William Woollett engraved this picture in a style of unsurpassed excellence, and a fac-simile plate was soon afterwards produced on the continent. J. J. Avril engraved it in
smaller dimensions, and his plate was sent into the world
with the name of Vernet as the painter. This attempt to rob
the real author of his fame was repeated in other instances,
and the little intercourse existing sixty years ago between
England and France, rendered the fraud plausible and com-
paratively easy.

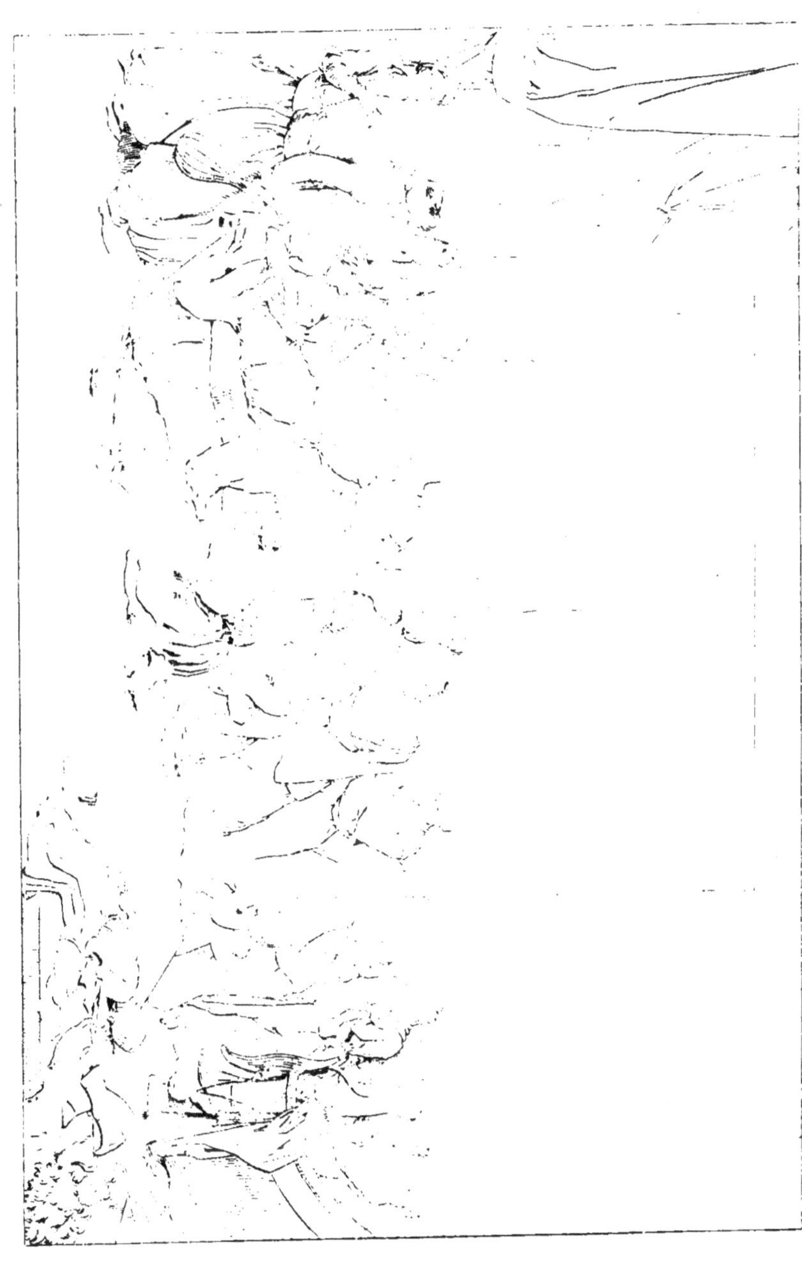

CAPTIFS CIRCASSIENS.

Ce tableau représente un Chef circassien vendant à un Pacha turc des prisonniers qu'il a faits dans une expédition contre une tribu voisine.

La scène se passe dans la demeure du Turc, chez qui le vainqueur s'est rendu avec son butin, sûr d'y trouver un acquéreur. Il semblerait que les deux principaux marchands de chair humaine avaient déjà conclu un marché, car l'acquéreur présente une bourse au vendeur; mais un ami officieux retient la main de celui-ci, voulant sans doute essayer le résultat d'un second débat. Le lecteur se rappellera d'une semblable transaction décrite par lord Byron, dans le Ve. chant de Don Juan : « Ils contestèrent, disputèrent, jurèrent, comme s'ils eussent été dans une foire chrétienne marchandant un bœuf, un âne, un agneau ou un chevreau, de sorte que l'achat de ce couple d'animaux d'espèce supérieure causa autant de bruit qu'une bataille. »

La plupart des malheureux captifs attendent en silence la fin de cette discussion, et s'agenouillent devant le divan, espérant par cette soumission adoucir leur nouveau maître. Il n'en est pas ainsi d'une jeune fille d'une grande beauté qu'un guerrier circassien tient par la main, et qui paraît pénétrée de son déshonneur; son frère qui est à côté d'elle veut résister, mais, accablé par le nombre de ses ennemis, sa bravoure et sa générosité lui deviennent inutiles. Le reste du tableau se compose des soldats du Pacha et de la suite du Chef gardant d'autres prisonniers.

La conception et le faire de ce tableau méritent d'être admirés : il appartient au comte de March et Wemyss, et a été gravé avec goût par Stewart d'Édimbourg.

175.

CIRCASSIAN CAPTIVES.

The annexed picture represents a Circassian chieftain selling to a Turkish Pacha some prisoners which he has captured in a marauding expedition against a neighbouring tribe.

The scene passes at the residence of the Turk, whither the conqueror has resorted with his booty as to a sure market. The two chief traffickers in human flesh had apparently brought their negotiation to a close, and the purchaser is in the act of presenting a purse to the vender; but his hand is arrested by an officious counsellor at his elbow, who appears desirous to try the result of another haggle, and recalls Byron's words on a similar transaction.

> « They haggled, wrangled, swore too — so they did!
> As though they were in a mere Christian fair,
>   Cheapening an ox, an ass, a lamb, or kid,
> So that their bargain sounded like a battle
> For this superior yoke of human cattle. »
>
> Don Juan, Canto V.

The unhappy captives for the most part await the conclusion of this ceremony in submissive silence, and, kneeling before the divan, hope to propitiate their purchaser by humility; it is not so, however, with a beautiful girl whose hand is held by the Circassian Warrior, and who appears deeply sensible of her degradation; her brother by her side attempts to resist; but the high-spirited youth is mastered by numbers. The soldiers of the Pacha, and the followers of the Chief guarding other prisoners, fill up the composition.

The conception and execution of this picture are entitled to high praise : it is the property of the Earl of March and Wemyss, and has been well engraved by Stewart of Edinburgh.

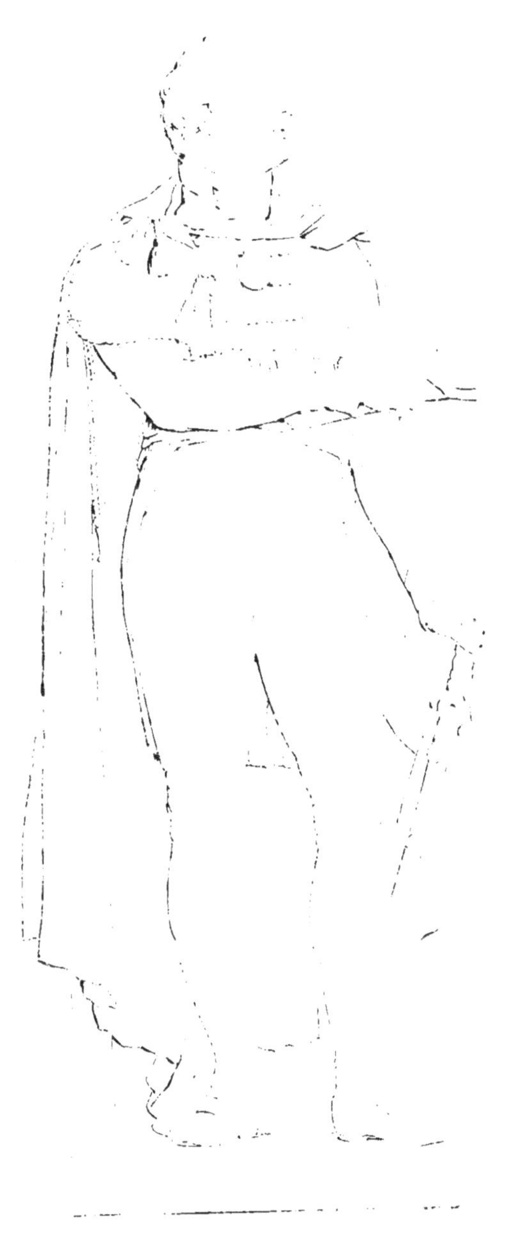

GILLESPIE.

Cette statue a été placée depuis peu dans la cathédrale de Londres, comme tribut national envers le courage dévoué : l'inscription, qui est en anglais, porte que ce monument public fut érigé à la mémoire du major général Robert Rollo Gillespie, qui mourut sur le champ d'honneur, le 31 octobre 1814, en attaquant la Forteresse de Kalunga, dans le royaume du Népaul.

Le dessin et la pose de cette figure méritent d'être admirés, l'exécution est soignée et précieuse ; mais comme le costume moderne des militaires ne convient guère à la sculpture, on doit être un peu surpris que l'habile artiste ne se soit pas prévalu davantage du manteau, pour se débarrasser des ferrets et des tassettes : on trouve aussi de la bizarrerie de voir le manteau, le sabre et le plan de la forteresse, objets qui ont rapport à un champ de bataille, combinés avec des souliers et des bas, chaussure convenable à un bal ou à un lever de prince.

GILLESPIE.

This Statue has been lately placed in the Cathedral of the British Metropolis, as a national tribute to devoted valour, with the following inscription :

« Erected at the public expense to the memory of Major General Robert Rollo Gillespie, who fell gloriously on the 31 st of October 1814, while leading the troops to an assault on the Fortress of Kalunga, in the kingdom of Nepaul. »

The design and attitude of this figure are worthy of commendation, and the execution is elaborate and finished ; as the modern military costume is felt to be so ungenial to Sculpture a little surprize is excited that the distinguished Artist did not make a more extensive use of the mantle to get rid of some of the tags and tassels, and it is difficult to reconcile the cloak, the broadsword, and the plan of the fortress, which tell of the field and of action, with the stockings and shoes, which belong to the ball-room, or levee.

LA CÈNE

« Puis prenant le pain, et ayant rendu grâces, il le rompit, et le leur donna, en disant : Ceci est mon corps, qui est donné pour vous ; faites ceci en mémoire de moi. De même aussi il leur donna la coupe après le souper, en disant : Cette coupe est le Nouveau-Testament en mon sang, qui est répandu pour vous. Cependant voici, la main de celui qui me trahit est avec moi à table. Et certes le Fils de l'homme s'en va, selon ce qui est déterminé : Toutefois malheur à cet homme par qui il est trahi. Alors ils se mirent à s'entre-demander l'un à l'autre, qui serait celui d'entre eux à qui il arriverait de commettre cette action. » SAINT LUC, chap. XXII, v. 19, 20, 21, 22 et 23.

Ce tableau est un de la suite dont le président West a puisé les sujets dans les Saintes Écritures, et qu'il a rendus sur la toile pour son protecteur Georges III. Il orna l'autel de la chapelle royale de Windsor jusqu'à ce qu'il fut présenté à la Galerie Nationale par Georges IV. La composition en est correcte ; le Sauveur a un air calme, majestueux et résigné : l'amour de ses disciples est respectueux. L'action et l'expression répondent au sujet ; il a été gravé au pointillé par T. Ryder.

Larg. : 8 pieds 6 pouces ; haut. : 5 pieds 8 pouces.

THE LAST SUPPER.

« And he took bread, and gave thanks, and brake it, and gave unto them, saying, This is my body which is given for you : this do in remembrance of me. Likewise also the cup after supper, saying, This cup is the new testament in my blood, which is shed for you.

But behold, the hand of him that betrayeth me, is with me on the table.

And truly the Son of man goeth as it was determined : but wo unto that man by whom he is betrayed.

And they began to enquire among themselves, which of them it was that should do this thing. »

St. Luke, chap. XXII, v. 19, 20, 21, 22, and 23.

This picture is one of the scriptural series executed by the President West for his steady patron George III. It formed for some time the Altar Piece to the Chapel Royal at Windsor, and on being removed from that situation was presented by George IV, to the National Gallery. It is correctly composed, there is an air of calm and resigned dignity in the Saviour, and of reverential attachment in his disciples that belong to the subject; and the action and expression are consistent with the text. It has been engraved in the chalk manner by T. Ryder.

Size 6 feet, by 9 feet.

WESTALL.

L'ORAGE.

Un orage vient d'interrompre les travaux de la récolte ; les moissonneurs cherchent un abri sous les branches touffues des arbres voisins, où ils attendent avec patience, mais non sans quelque crainte, la fin de cette lutte des éléments.

On met cette composition parmi les plus heureuses productions du peintre Westall ; elle réunit une couleur riche et harmonieuse à un arrangement plein de goût et un clair-obscur ménagé avec art. On a cependant remarqué que les laboureurs avaient l'air de personnes d'une classe plus élevée.

Peint à l'aquarelle ce tableau fut acquis par W. Chamberlayne Esqr. ; il a été soigneusement gravé au pointillé par Meadows.

A STORM IN HARVEST.

A sudden storm having interrupted the labours of the Corn Field, the reapers have sought shelter under the spreading branches of the neighbouring trees, where they await with patience, not unmixed with awe, the cessation of the elemental strife.

This composition is generally considered as one of the most successful productions of its painter, uniting rich and harmonious colouring to tasteful and appropriate arrangement, and skilfully disposed light and shade; nevertheless it has been remarked that these rustics have somewhat of the air of persons of a higher rank in life.

The original painting in water colours was purchased by W. Chamberlayne Esq., and has been carefully engraved in chalk by Meadows.

LA TAMISE.

Le quatrième tableau, représentant les progrès de la civilisation chez les hommes, est intitulé par le peintre le Commerce, ou Triomphe de la Tamise. Barry, voulant imiter les
anciens, a personnifié le principal fleuve de l'Empire Britannique, et l'a représenté porté sur la surface des eaux par
des Tritons, pendant que l'Europe, l'Asie, l'Afrique et l'A-
mérique, appelées par Mercure, se hâtent de venir à sa rencontre; une troupe de Néréides ajoutent à la gaieté et à l'éclat
du cortége. Il se trouve dans ce tableau une absurdité que l'on
ne peut justifier, malgré les nombreux exemples des plus célèbres artistes; Barry y a mis, sous la figure de Tritons, le na-
vigateur Sébastien Cabot, Raleigh et Cook; et, la musique se
liant facilement à la joie et à un triomphe, il a placé dans ce
bizarre assemblage le docteur Burney, et ce célèbre musicien
paraît derrière Drake et Raleigh entouré de nymphes des eaux.
Quelques-unes de ces belles, dont l'occupation, selon la composition, est de transporter des objets de commerce et de
manufactures, paraissent plus enjouées qu'industrieuses, et
d'autres ont l'air moins modestes que folâtres : le peintre a
voulu faire comprendre qu'un commerce étendu et les richesses qui en proviennent sont quelquefois nuisibles à la
vertu et au bonheur. On voit dans le fond du tableau les côtes
blanches d'Albion, un phare, etc.

Le grand défaut de cet ouvrage est dans la conception;
c'est à juste titre que l'on a beaucoup critiqué la bizarrerie
d'avoir voulu mettre la Tamise et Mercure avec Drake et Cook,
et le docteur Burney avec des Néréides.

THE THAMES.

The fourth picture illustrative of the progress of human culture is called by its painter Commerce, or theTriumph of the Thames. According to ancient usage Barry has personified the chief of British Rivers, and represented him borne along the surface of the water by obsequious Tritons, while Europe, Asia, Africa, and America are hastening, at the summons of Mercury. to meet him ; and a train of Nereids increase the gaiety and splendour of his train. By an absurdity which, however often practised, the most eminent examples cannot justify, the artist has introduced Sebastian Cabot the Navigator, Drake, Raleigh, and Cook, in the characters of the attendant Tritons: and music being naturally connected with matters of joy and triumph, he has also introduced D^r. Burney into this whimsical assemblage, and that distinguished musician figures behind Drake and Raleigh surrounded by Water Nymphs. Some of these fair ones, whose business in the composition is to carry articles of commerce and manufactures, appear more sportive than industrious, and others more wanton than sportive ; by which the painter meant to express that extensive commerce, and its consequent wealth, are sometimes subversive of virtue and happiness. The background is formed of the chalky Cliffs of Albion, a Light House, etc.

The insurmountable defect of this picture is its conception ; the association of Father Thames and Mercury with Drake, Raleigh, and Cook, and the union of D^r. Burney with the Nereids, have been visited with due and repeated animadversion.

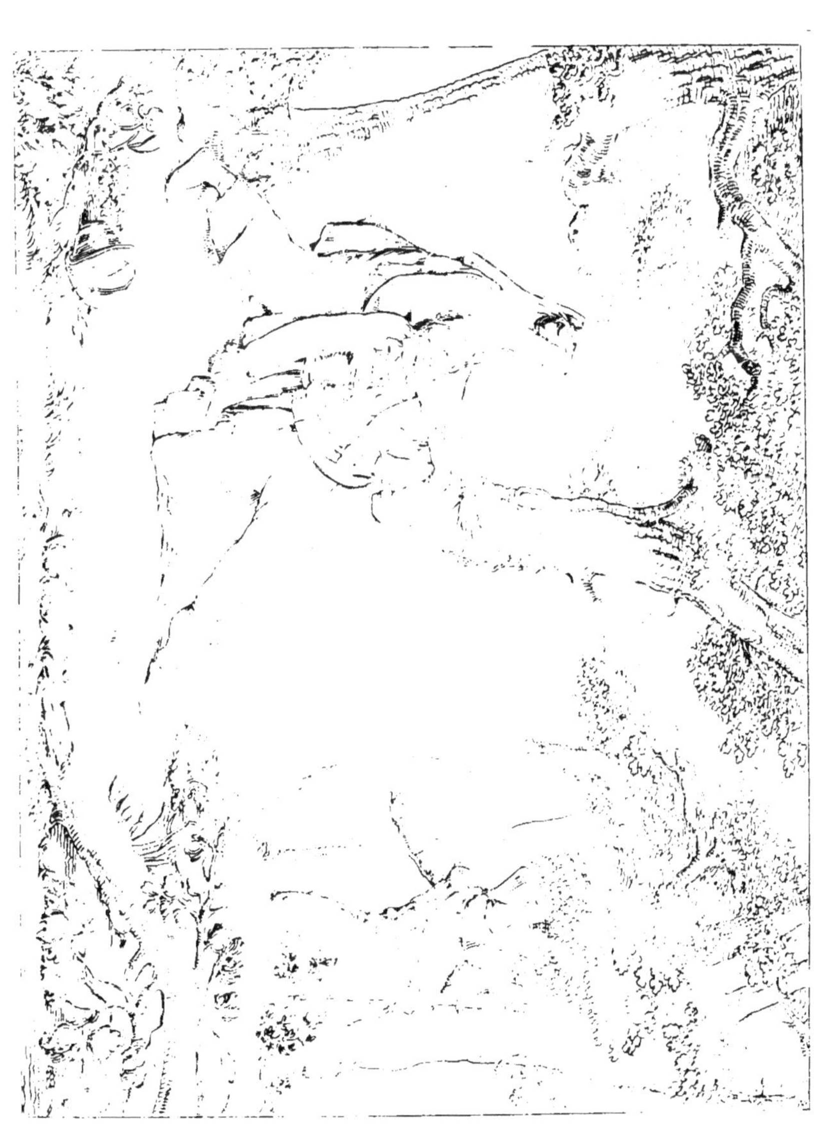

LE BRIGAND MOURANT.

En parlant du Brigand Protégé, dans notre xi° livraison, vol. I, nous avons expliqué les circonstances qui concourent à donner de l'intérêt à ce genre de sujets; il faut aussi se rappeler que le costume pittoresque et la belle physionomie de ces bandits présentent aux artistes une étude fort avantageuse.

Ce tableau, ainsi que le pendant, donné dans la xi°. livraison, fut peint à Rome en 18··; il fait la continuation du même incident et renferme les mêmes qualités. Il a été gravé en mezzo-tinte par S. W. Reynolds.

THE DYING BRIGAND.

We have adverted to this class of subjects in Part. xi, Volume I, in describing the picture of the Wounded Brigand Protected, and have there glanced at the concurrence of circumstances which have contributed to give them an interest with artists; nor must their picturesque costume and fine physiognomy, presenting such an advantageous study of the passions, be omitted in the estimate.

This picture, like its companion in Part. xi, was painted at Rome in 1822, it is a following up of the same story and is characterized by the same excellencies: it has been engraved in mezzo-tinto by S. W. Reynolds.

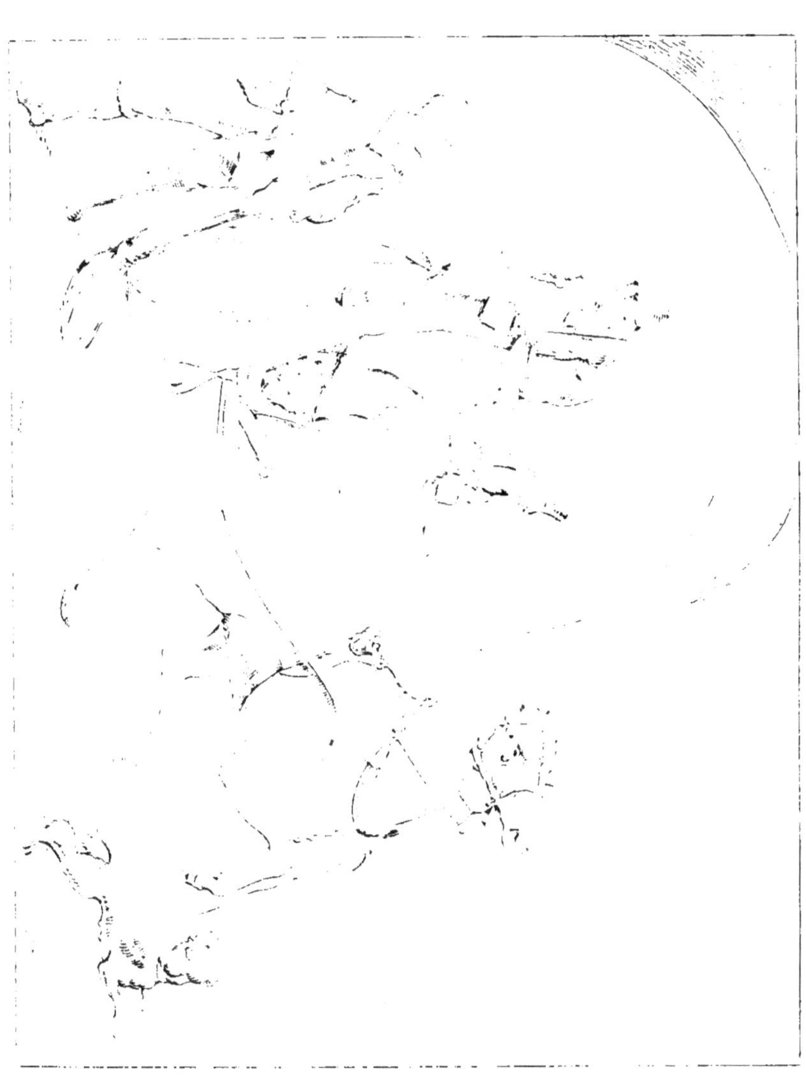

LA MANIE.

Dans un recueil consacré aux productions du Génie, il ne peut être inconvenant que les manies ou écarts de l'esprit y fournissent un sujet. Présenter le miroir à la Nature a toujours été le grand but des poëtes et des peintres les plus célèbres. Ici l'artiste a cru que le miroir pouvait parfois être présenté avantageusement à l'Égoïsme et à la Folie, et il a fait pour une seule classe, ce que le Chantre de Coïla désirait pour toutes. « Oh! pourquoi, quelque puissance ne nous accorde-t-elle pas le don de nous voir tels que nous paraissons aux autres. »

Cet ouvrage a du mérite; il est plein de caractère et de feu; il est d'un jeune peintre qui promet bien : on l'a gravé depuis peu à l'aqua-tinte.

A FANCY SUBJECT.

In a work devoted to the emanations of Genius it cannot be deemed improper to derive a subject from the Fancy. « To hold, as 'twere, the mirror up to Nature » has been the avowed aim of the greatest minds in poety and painting; in the present case the artist has considered that the glass may be occasionally presented with effect to Selfishness and Folly, and has done for a class what the Bard of Coila has supplicated for all :

« O wad some power the giftie gie us
To see oursels as others see us. »

This is a clever production full of character and spirit by a rising artist of much promise : it has been recently engraved in aquatinta.

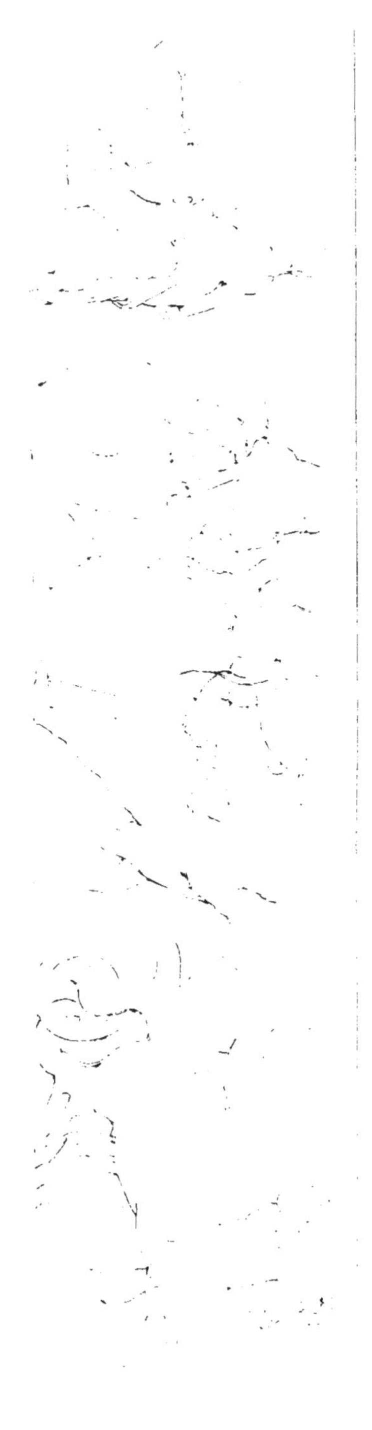

L'ANCIEN DRAME, N°. II.

Ce sujet représente la seconde moitié du bas-relief emblématique de l'Ancien Drame. Le personnage assis à gauche est Eschyle, père de la Tragédie ; il tient un volume ouvert sur ses genoux ; son attention est portée sur Minerve, ou la Sagesse, assise vis-à-vis du Poëte. Entre Eschyle et Minerve se trouve Bacchus appuyé sur un faon, pour indiquer que les Grecs jouaient des tragédies en l'honneur de Bacchus. Derrière Minerve on voit Melpomène, ou la Tragédie, tenant une épée et un masque. Ensuite viennent deux Furies avec des serpents et des torches poursuivant Oreste qui tend les mains vers Apollon en implorant sa protection. Apollon est représenté dans son quadrige. Ces derniers personnages sont en allusion à la tragédie d'Oreste, par Eschyle

Le dessin de ce bas-relief a une simplicité approchant de la sévérité ; la sculpture est dans le même genre que la Frise du Parthénon. Flaxman fut beaucoup aidé dans son travail par Rossi, artiste célèbre, qui vit encore

THE ANCIENT DRAMA, N°. II.

This subject exhibits the remaining half of the basso-relievo representing the Ancient Drama. The figure seated on the left is « Æschylus, the father of Tragedy ; he holds a scroll open on his knee; his attention is fixed on Wisdom, or Minerva, seated opposite to the poet. Between Æschylus and Minerva is Bacchus leaning on a fawn , because the Greeks represented tragedies in honour of Bacchus. Behind Minerva stands Melpomene, or Tragedy, holding a sword and mask ; then appear two Furies with snakes and torches pursuing Orestes, who stretches out his hands to supplicate Apollo for protection, Apollo is represented in the quadriga or four-horsed chariot of the Sun. The last described figures relate to part of Æschylus' tragedy of Orestes. »

The design of this basso-relievo is characterized by a simplicity bordering on severity , and it is sculptured in low relief like the frieze of the Parthenon; in its execution Flaxman derived essential assistance from an eminent living artist, Rossi.

LA SOCIÉTÉ.

La distribution des prix par la Société d'Encouragement paraissant à Barry être du ressort de son sujet principal, celui des progrès de l'esprit humain, il en a fait le cinquième tableau de la suite.

Les personnages représentés sont pris parmi ses contemporains les plus distingués, et parmi les principaux amis et protecteurs de l'Institution. Celui qui est assis à gauche est Shipley, individu zélé pour le bien public et fondateur de cette Société; au-dessus de lui est le cultivateur Arthur Young, qui montre des échantillons de blé au président lord Romney; plus près du milieu on voit le prince de Galles, depuis Georges IV, vêtu du manteau de l'Ordre de la Jarretière; au delà de S. A. R. la duchesse de Northumberland, et un groupe de personnes titrées écoutent madame Montague qui donne des louanges au talent et à l'industrie d'une jeune fille près d'elle. Ensuite paraissent les duchesses de Rutland et de Devonshire; le docteur Johnson se trouve entre ces deux dames; il leur indique l'exemple de madame Montague, comme méritant la plus grande attention et digne d'être imité. Le groupe assis à droite contient le docteur William Hunter, W. Locke Esqr., et d'autres vice-présidents de la Société occupés à examiner les dessins d'un candidat qui vient de remporter un prix; au-dessus d'eux est le duc de Richmond montrant une carte marine; à sa gauche est Edmund Burke.

Les tableaux et les autres accessoires ont rapport aux travaux de la Société: la partie méridionale de la façade de Somerset-House et le dôme de la cathédrale de Saint-Paul indiquent que la scène se passe à Londres.

THE SOCIETY.

The distribution of premiums by the Society for the encouragement of Arts, Manufactures and Commerce, appeared to Barry to harmonize with and belong to his general subject of human improvement, and it accordingly makes the fifth picture in the series.

The personages here represented are some of his most distinguished contemporaries and the chief friends and supporters of the institution. The sitting figure on the left is the public spirited individual named Shipley, the founder of the Society, above him is Arthur Young, the agriculturalist, who is showing specimens of corn to lord Romney, the president. Nearer the middle is seen the Prince of Wales, afterwards George IV, habited in the robes of the Garter; beyond his Royal Highness, the duchess of Northumberland and a group of titled personages are listening to Mrs.Montague, who is commending the ingenuity and industry of a young female at her side. Next appear the duchesses of Rutland and Devonshire, and between them, Dr. Johnson is pointing out Mrs. Montague's example as worthy their serious attention and imitation. The group seated on the right consists of Dr. William Hunter, W. Locke Esq. and other vice-presidents of the society, who are engaged in examining the drawings of a successful candidate; above them is the duke of Richmond pointing to a chart, and on his left is Edmund Burke.

The pictures and other accessory objects have reference to the acts of the society; and a portion of the water front of Somerset-House, and the dome of St. Paul's. mark the scene to pass in London.

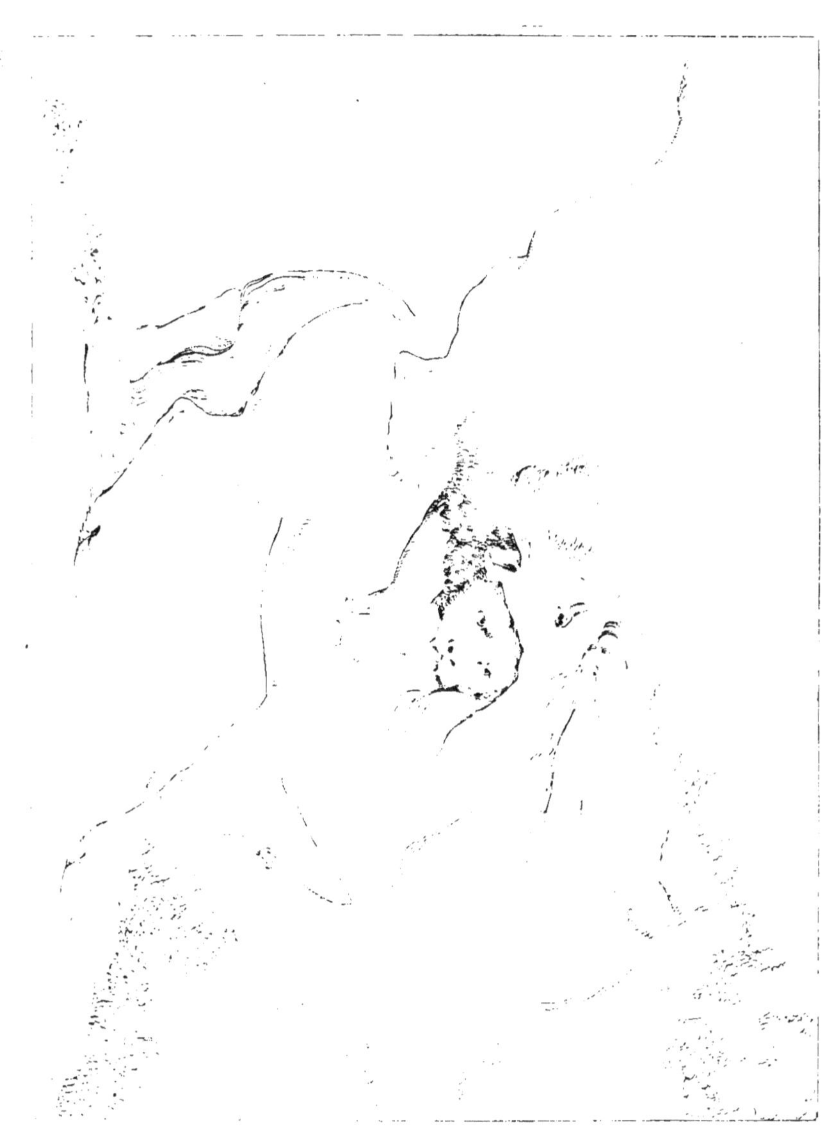

LE CHEVAL ET LE LION, N°. II

Ce tableau est le pendant et la continuation du n°. 110; le cheval a voulu fuir, mais il est atteint par son ennemi impitoyable; son sort est déjà décidé; d'un seul saut « le lion a saisi sa victime, et malgré ses efforts furieux il la tient sous lui. En vain le cheval se débat, sa force est inutile contre le tyran des forêts. — Ses mouvemens convulsifs marquent sa douleur intérieure. » Blacker. La victime reste atterrée, ses yeux sortent de sa tête, ses narines gonflées et ses lèvres retirées font sentir combien elle doit souffrir.

L'exécution de ce tableau répond parfaitement à la conception qui est forte sans être outrée; le dessin, l'expression et le clair-obscur sont également corrects et vigoureux : il a été gravé à l'eau-forte par le peintre Stubbs.

HORSE AND LION, N°. II.

Tʜɪs picture forms the companion and continuation of
n°. 110: the terrified horse in attempting to fly has been seized
by his merciless foe and his fate may be considered as already
decided; one spring has enabled the Lion

> To grasp that strong-boned horse, and, spite of all
> His furious efforts, fix him to the earth!
>   The struggle's vain,
> His strength avails him not beneath the gripe
> Of the remorseless monster, —
> His writhing fibres speak his inward pain !
> His smoking nostrils speak his inward fire !
>
> BLACKET.

The victim stands petrified for the instant, his starting eye-
balls, his inflated nostrils, and retracted lips, mark the agony
he endures.

The execution of this picture ably sustains the conception,
which is spirited without extravagance; its drawing, expression, and light and shade, being alike correct and vigorous.
It has been etched by its painter.

LE RUISSEAU.

« Encore un pas. — Ne te presse pas ; cette pierre est aussi glissante que l'autre. — Doucement. — Voilà ! — Le danger est passé. Maintenant dépêchons-nous d'arriver à la maison, et puis tu diras à ton frère où tu as été, ce que tu as fait, ce que tu as vu, comme on s'amusait à la foire, et quelle bonne journée tu as passée ! »

Cette citation, qui se trouve annexée à la notice du tableau, dans le livret de l'Exposition de l'Académie Royale, ainsi qu'à la gravure que l'on en a faite, en explique suffisamment la simple histoire. La composition est agréable et naturelle, le dessin bon ; le clair-obscur et le coloris méritent d'être admirés, relativement à la vérité et à l'harmonie.

Ce tableau faisait partie de la Collection de lord de Tabley : il a été gravé en mezzo-tinte par W. Say.

Haut. : 5 pieds 8 pouces ; larg. : 4 pieds 4 ½ pouces.

CROSSING THE BROOK.

But one step more. — Be not in haste ;
This stone's as slipp'ry as the last ,
Step cautiously. — The danger's past ,
   Now we'll trudge homewards cheerily. —
You'll tell your brother where you've been ,
And what you've done and what you've seen ;
How gay the fair was on the green ,
   And how the day pass'd merrily.

The above lines, attached to the notice of the picture in the Catalogue of the Royal Academy Exhibition, and to the print engraved from it, sufficiently explain its simple story : the composition is pleasing and natural , the drawing good and the light and shade and colouring are commendable for their truth and harmony.

This picture formed part of the collection of Lord De Tabley ; it has been engraved in mezzo-tinto by W. Say.

Size, 6 feet, by 4 feet 8 inches.

CUPIDON.

Le prince des dieux et des hommes est rendu avantageusement sur la toile par le peintre Owen ; il rappelle la vive description qu'en fait Moschus, imitée par le Tasse, Ben Jonson et plusieurs autres poetes.

. . . .
Son teint est de pur incarnat,
Son œil rempli d'un vif éclat,
Son parler doux, mais son cœur traître
Ne croyez point cet enchanteur,
Il vous bercera d'un vain songe ;
Tout ce qu'il vous dit n'est qu'erreur,
Ce qu'il vous promet que mensonge.
Sa chevelure va flottant,
Son front est petri d'impudence ;
Ses mains sont celles d'un enfant,
Mais qui soutiendra leur puissance ?
Les mêmes mains ont mis aux fers
Le ciel, la terre et les enfers.
Il est nu, mais couvert de feinte.
Tel que l'abeille au sein des fleurs,
Amour vole dans tous les cœurs ;
Mais il y laisse son atteinte.
Il porte sans cesse en sa main
Un arc, hélas ! qui toujours tire,
Et qui jamais ne tire en vain.
Caché sous l'ombre de ses ailes,
De son dos descend un carquois,
Dont le ciel même craint les droits.
. . . .

Poinsinet de Sivry. Idylles de Moschus.

L'extrême simplicité de la composition et la touche hardie de ce beau tableau le rendent admirable : il a été gravé derniérement en mezzo-tinte par S. W. Reynolds.

CUPID.

« The Prince of Gods and Men " appears to great ad
vantage on the canvass of Owen , and forcibly recalls the
vivid description of him by Moschus, which Ben Jonson
imitated in his " Hue and Cry after Cupid ".

Flame colour'd is his glowing skin — not white ;
Fierce are his eyes, that flash malignant light.
Smooth are his words, his voice as honey sweet,
Yet war is in his heart, and dark deceit !
Bright-clustering locks his lovely forehead grace ,
But insolent expression marks his face.
Though little are his hands, those hands can fling
Darts ev'n to Acheron , and th' infernal king.
Though bare his body, yet no art can find
A clue to trace the motions of his mind.
Lo ! ready from his little bow to fly —
His arrow, swift though slight , can pierce the sky.
A golden quiver on his shoulder glows ,
And holds th' embitter'd darts for friends or foes.

Moschus, Idyll. I.

This beautiful picture is admirable alike for its exquisitely
natural simplicity of design , and broad and masterly execu
tion ; it has recently been engraved in mezzo-tinto with
great taste by S. W. Reynolds.

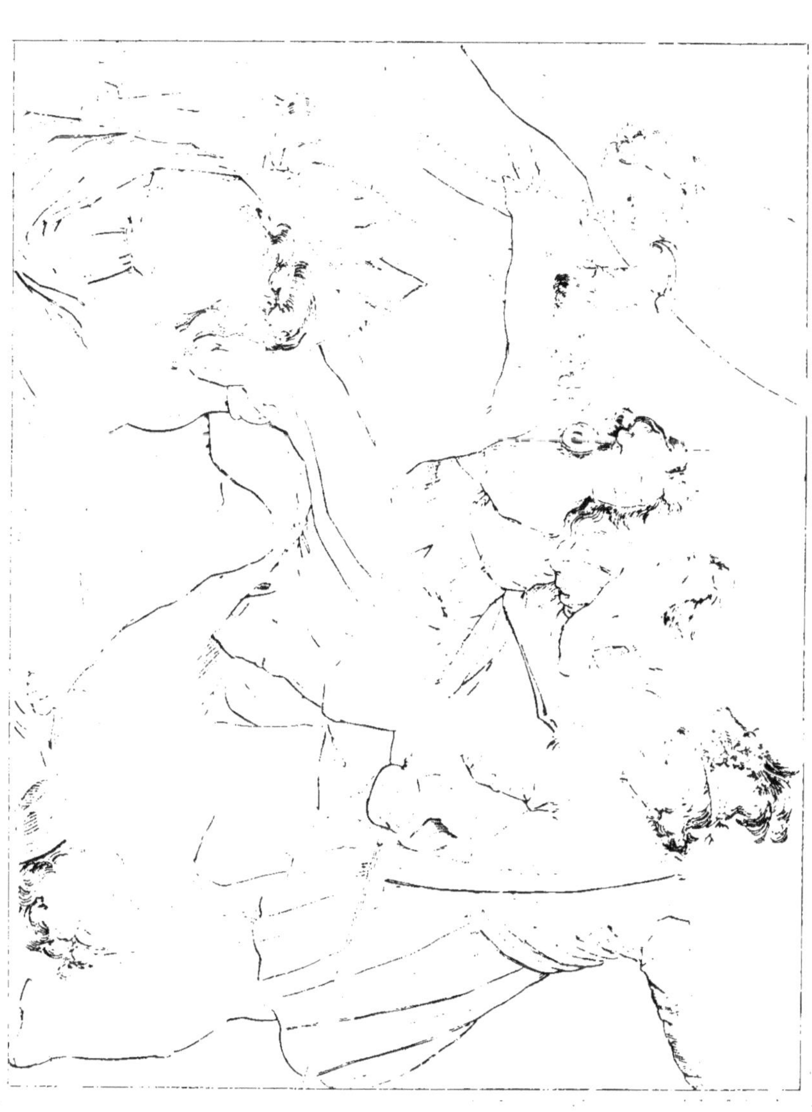

MORT DE JACQUES I, ROI D'ÉCOSSE.

Ce prince, que l'Écosse compte parmi ses monarques les plus éclairés, s'attira la haine des principaux barons en réduisant leur pouvoir excessif. Ils formèrent une conspiration contre lui, à la tête de laquelle se trouvait son oncle Walter, comte d'Athol, secondé par Robert Stewart de la maison royale, et par sir Robert Grahame de Strathern. Ils trouvèrent le moyen de faire entrer leurs partisans secrètement, pendant la nuit, dans la résidence du roi, près de Perth, et le premier avis que Jacques reçut du danger qu'il courait fut le bruit occasioné par le meurtre de son échanson à la petite porte de sa chambre. Catherine Douglas, jeune dame d'honneur qui était de service auprès de la reine, chercha vite à fermer la porte, et, ne trouvant pas la barre, elle fourra son bras dans la gâche ; ce généreux sacrifice ne servit à rien : les efforts de la reine, qui se jeta entre son mari et les assassins, furent également inutiles ; on l'arracha d'auprès de lui, après qu'elle eut reçu deux blessures en voulant le protéger : le crime sanglant fut alors achevé. Semblable à Agis, ce souverain patriotique fut la victime des tentatives qu'il fit pour améliorer le sort de son peuple. Il était âgé de quarante-quatre ans lorsque cet événement eut lieu, en 1437.

Ce tableau est une des productions du peintre Opie les plus connues ; il participe abondamment de toutes les qualités de son pinceau. Quoique manquant de dignité et de grâce, il est animé et plein d'énergie ; il a toute cette vérité et cette harmonie de couleur, cette touche large et libre que l'on trouve dans les plus beaux ouvrages de l'artiste. On prétend que la tête du meurtrier est le portrait du docteur Wolcot qui, pendant quelque temps, accabla Opie de sa protection. Ce tableau faisait partie du magnifique présent que l'échevin Boydell fit à la cité de Londres : il est maintenant dans l'antichambre de Guildhall.

DEATH OF JAMES I. OF SCOTLAND.

This prince, whom Scotland places among its most enlightened monarchs, incurred the enmity of the principal barons by reducing their inordinate power within more rational limits than before. A conspiracy was formed against him by his uncle Walter Earl of Athol, whose chief confederates were Robert Stewart, one of the Royal Household, and Sir Robert Grahame of Strathern. They contrived to introduce their followers unobserved into the King's residence, near Perth, about night fall; and the first intimation which James received of his danger was the noise occasioned by the slaughter of his cup-bearer, at the portal of his chamber. Catherine Douglas, a young Lady in attendance upon the queen, hastily attempted to fasten the door, and, not finding the bar, thrust her arm into the staple; this generous sacrifice was unavailing : equally unavailing were the attempts of the queen to interpose between her husband and his murderers, she was torn away, after receiving two wounds in endeavouring to protect him, and the deed of blood was consummated. This patriotic sovereign fell, like Agis, a martyr to his exertions in ameliorating the condition of his people, in the forty-fourth year of his age, 1437.

This is one of the best known works of its painter, and partakes largely of all the qualities of his pencil ; deficient in dignity and grace, it is full of spirit and energy, and has all that truth and harmony of colour, that breadth and freedom of touch, which belong to his best productions : it is said that the head of the murderer is a portrait of Peter Pindar, Dr. Wolcot, who for a time inflicted his patronage on Opie. This picture formed part of Alderman Boydell's splendid gift to the City of London, and it is now in the waiting-room at Guildhall

LE VALENTIN.

En Angleterre, le patron des amoureux est saint Valentin, dont la fête se célèbre le 14 février; ce jour-là les amants ne manquent pas de se communiquer leur tourments en s'envoyant les uns aux autres de tendres déclarations que l'on appelle des *Valentins*. Cette aimable correspondance ne laisse pas que de faire le profit des papetiers et du bureau de la poste.

Le principal personnage de la composition que nous donnons ici est une grosse campagnarde, à qui l'on aurait pu supposer assez de prévoyance pour ne pas laisser ses poches exposées aux recherches d'un petit espiègle, qui a trouvé le *doux Valentin* qu'elle y avait serré; *cette belle épître* est maintenant entre les mains d'un individu qui a l'air assez déterminé; il se met à la lire au grand plaisir de ses deux compagnons. Quoique la jeune fille fasse en vain tous ses efforts pour empêcher cette lecture, on voit qu'elle n'en conserve pas moins sa bonne humeur.

Ce joli petit tableau est composé et peint d'une manière fort heureuse : il a été supérieurement gravé par le peintre lui-même.

THE VALENTINE.

THE chief personage of this composition, a comely lass, arrived, one would think, at years of discretion, has yet been indiscreet enough to leave her pocket exposed to the prying researches of an urchin, who has dislodged a « sweet Valentine » from its place of concealment; and falling into the clutches of a sturdy positive-looking fellow, he proceeds to read it aloud, to the evident gratification of his two companions, and in spite of the efforts which the good-humoured damsel makes to prevent him.

This pleasing cabinet picture is composed and painted in a very successful manner, and has been well engraved by its painter.

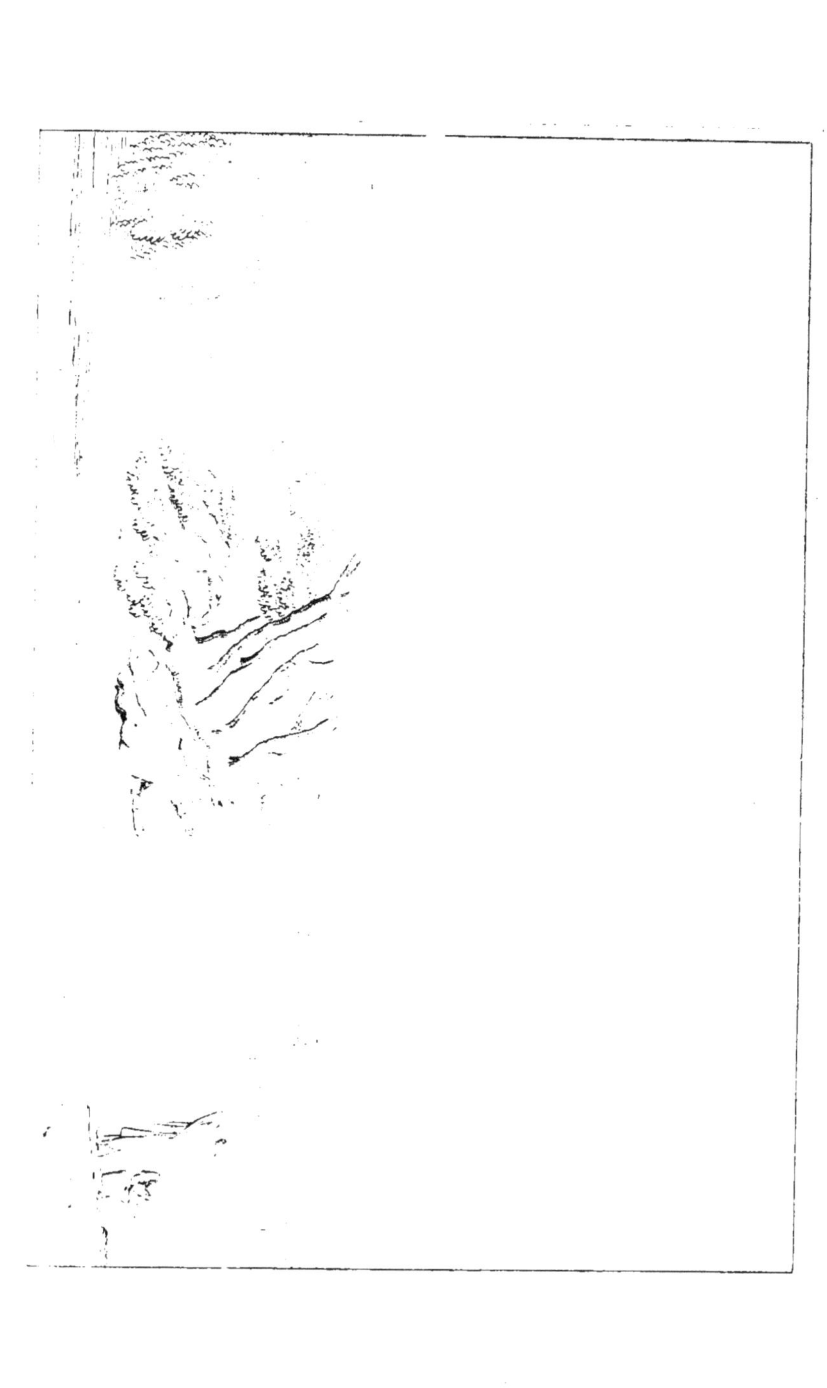

LA SEPTIÈME PLAIE D'ÉGYPTE.

« Moïse étendit donc sa verge vers les cieux, et l'Éternel envoya des tonnerres et de la grêle, et le feu se promenait sur la terre. L'Éternel fit donc pleuvoir de la grêle sur le pays d'Égypte. Il y eut donc de la grêle et du feu entremêlé avec la grêle, laquelle était si grosse, qu'il n'y en avait point eu de semblable en toute la terre d'Égypte depuis qu'elle a été habitée. Et la grêle frappa dans tout le pays d'Égypte tout ce qui était aux champs, depuis les hommes jusqu'aux bêtes. La grêle frappa aussi toutes les herbes des champs, et brisa tous les arbres des champs. »　　ExoDE, ch. IV, v. 23, 24 et 25.

Le terrible châtiment décrit dans le texte saint a fourni au peintre les matériaux d'un tableau sublime, et il s'en est servi d'une main de maître. Les éléments remplissent leur tâche de désolation, la grêle descend en torrents, le feu des éclairs se promène sur la terre, les arbres sont enlevés, les hommes et le bétail sont frappés du fléau exterminateur. A droite du tableau, le grand législateur des Hébreux est debout les mains étendues, pénétré du pouvoir qui lui est accordé de diriger la tempête; Aaron, cédant à la faiblesse humaine, tombe à genoux et se cache le visage.

Ce tableau fut acquis par W. Beckford Esq. de Fonthill; il a été gravé à la manière noire par C. Turner.

Larg. : 5 pieds 8 pouces; haut. : 4 pieds 8 pouces.

THE SEVENTH PLAGUE OF EGYPT.

« And Moses stretched forth his rod toward heaven , and the Lord sent thunder and hail and the fire ran along upon the ground; and the Lord rained hail upon the land of Egypt.

So there was hail , and fire mingled with the hail , very grievous , such as there was none like it in all the land of Egypt , since it became a nation.

And the hail smote throughout all the land of Egypt , all that was in the field , both man and beast : and the hail smote every herb of the field , and brake every tree of the field. »

Exodus , Chapter IX, Verses 23 , 24, and 25.

The appalling visitation here described has furnished the painter with materials for a picture of a sublime character and he has wrought them into form with a master's hand. The ministring elements are busy in their work of devasta- tion, the hail descends in sheets, lightnings flash, and fire runs along the ground, trees are uprooted and man and beast fall before the destroying blast : on the right, the great legislator of the Hebrews stands with outstretched arms conscious of his delegated power to direct and rule the storm, while Aaron, yielding to the feelings of humanity, kneels and hides his face.

This picture was purchased by W. Beckford Esq. of Fonthill; it has been engraved in mezzo-tinto by C. Turner.

Size : 5 feet , by 6 feet.

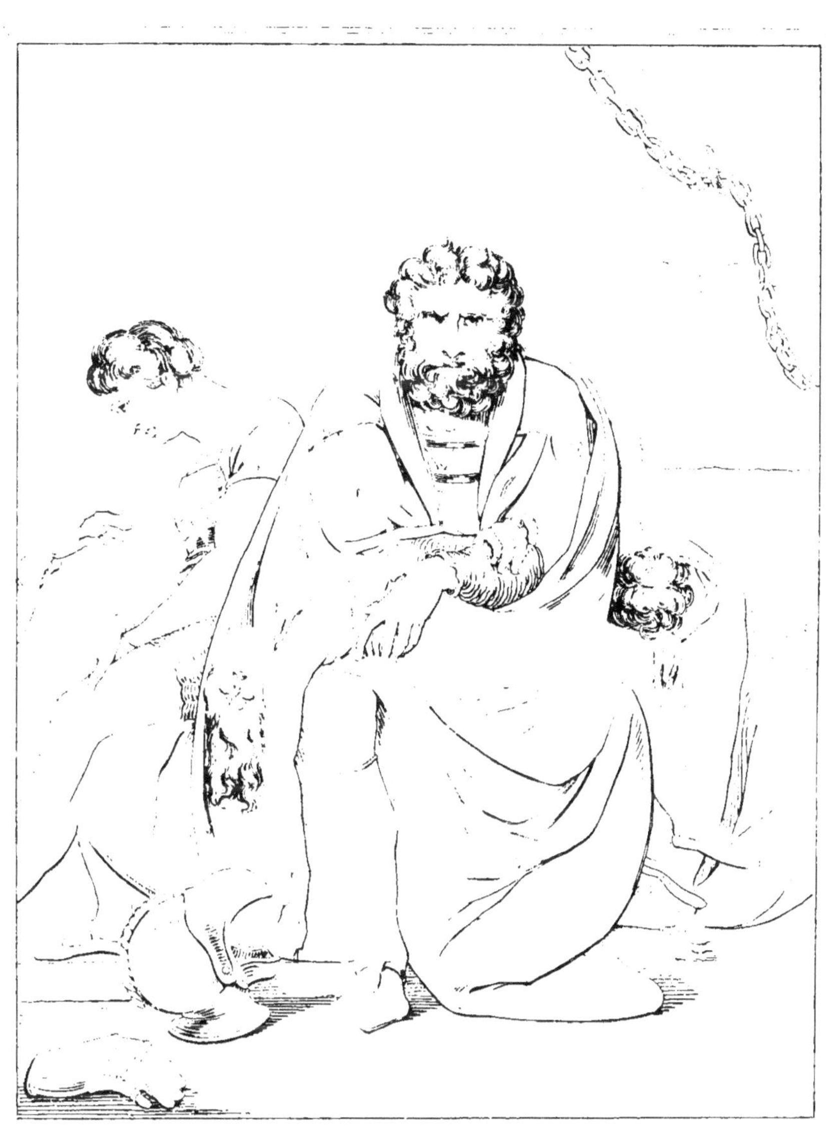

UGOLINO.

COMME nous avons déjà donné l'histoire d'Ugolino, dans notre premier volume, en parlant du tableau de Reynolds, qui a peint le même sujet, il est inutile que nous la répétions ici. Le tableau de Fuseli fut exposé à l'Académie Royale, en 1806, et puisqu'il excite une comparaison avec celui de sir Josué Reynolds, on peut remarquer qu'il se distingue par un style sévère et une pureté de dessin qui ne se trouvent pas dans l'ouvrage du président : son expression vigoureuse ne manque point d'attirer l'attention de l'observateur ; quant à la composition elle est artificielle et ne peut guère prétendre à de l'originalité. On sait que, dans le coloris et l'entente du clair-obscur, Fuseli s'élevait rarement au-dessus du médiocre. Il a été gravé au pointillé par Moses Haughton.

UGOLINO.

Having given the story of Ugolino in describing Reynolds's
picture of the same subject in Volume I. its repetition here
becomes unnecessary. The annexed picture was exhibited
at the Royal Academy in 1806, and, as it provokes a comparison with Sir Joshua's well-known performance, it may be
observed that it is distinguished by a severity of style, and
purity of drawing, which the president's work has not, and
that its energetic expression fails not to fix the attention of the
spectator: as a composition it is artificial, and has slender
pretensions to originality; in colouring, and the manage-
ment of light and shade, Fuseli seldom excelled. It has been
engraved in chalk by Moses Haughton.

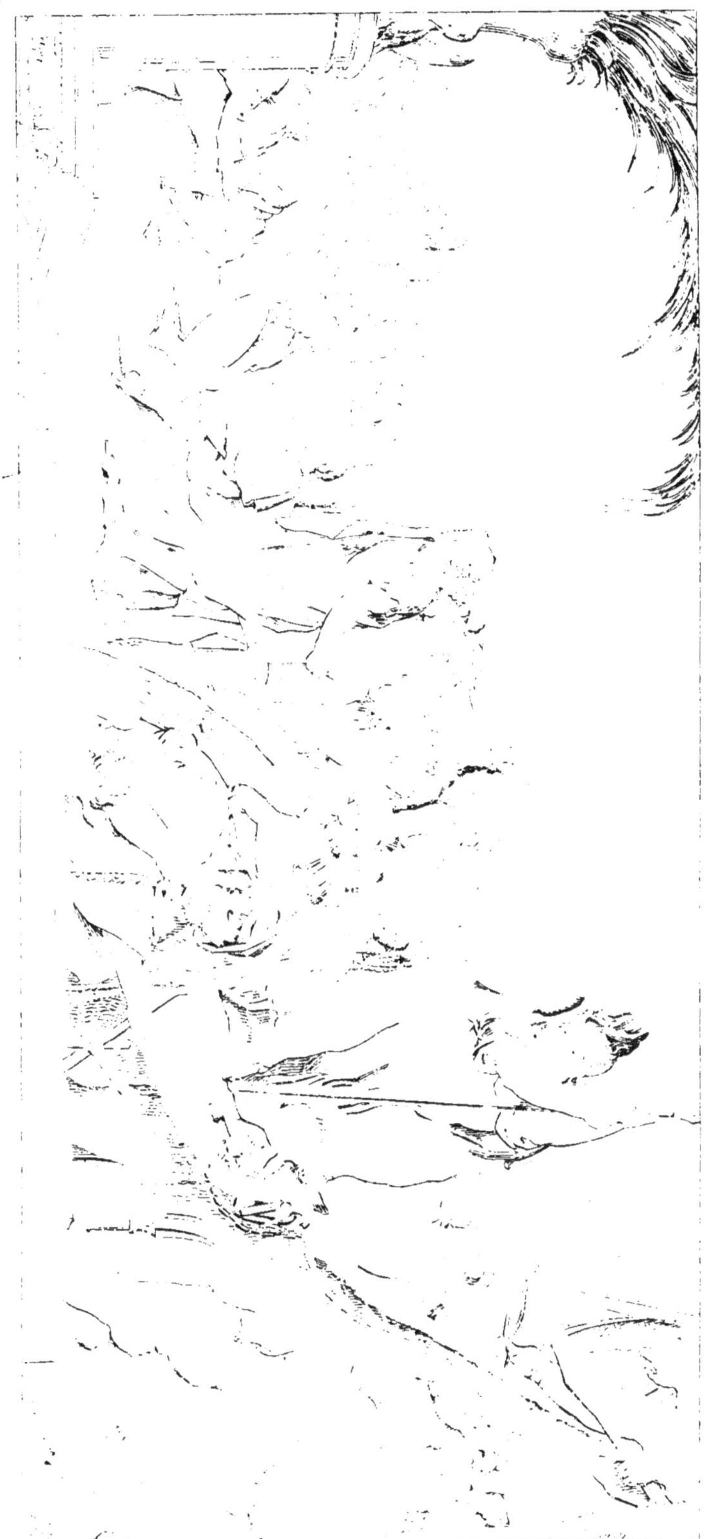

L'ÉLYSÉE.

Dans ce dernier tableau le peintre a représenté l'Élysée et y a réuni plusieurs grands hommes de toutes les nations. A gauche du tableau, il y a une touffe de palmiers et un piédestal sur lequel est un pélican nourrissant ses petits de son propre sang, emblème de nombreux personnages qui se trouvent dans la composition. Derrière les palmiers on voit, plongés dans un abîme de lumière, des chérubins qui adorent la grande source d'où dérive le bien, judicieusement indiqué par l'effet plutôt que par la forme. Dans le lointain sont plusieurs figures, la plupart de femmes, représentant d'aimables individus dont les vertus ont fait l'ornement de la vie privée. Nos limites ne nous permettent d'énumérer que quelques-uns des principaux personnages : on voit, assis près du piédestal, Roger Bacon, Archimède, Descartes et Thalès ; au-dessus d'eux, Francis Bacon, Copernic, Galilée et Newton ; des anges démontrent à ces philosophes la théorie des Comètes. L'autre groupe, qui est assis, contient Épaminondas, Socrate, Caton, les deux Brutus et sir Thomas More ; autour d'eux se trouvent Locke, Platon, Aristote, Bayle, etc. Ensuite vient G. Penn, montrant son Code de Lois à Lycurgue, à Solon, à Numa et à Zaleucus ; après Penn on voit Alfred le Grand, le Prince Noir, Pierre I, Henri IV, André Doria, etc. On aperçoit Homère assis au milieu du haut du tableau ; près de lui se trouvent Shakspeare, Milton, Fénélon, Virgile, Le Dante, Ossian, etc. ; au-dessus d'eux est une nombreuse assemblée de poëtes et de peintres de tous les siècles.

Sur le devant du tableau, à main droite, est un archange qui pèse dans une balance les actions des hommes, et au-dessous de lui on voit le bras d'un Démon prêt à saisir les méchants. Plus loin on découvre le Tartare, et sur des rochers qui le séparent de l'Élysée sont les Anges Gardiens décrits dans le IV°. Livre du Paradis Perdu. A droite, dans le haut du tableau, le peintre fait allusion aux systèmes astronomiques, chaque système dirigé dans son cours par un ange.

ELYSIUM.

In the last picture the painter has brought together in Elysium a number of the great and good of all nations, who have been benefactors of mankind. On the left are a group of palm trees, and a pedestal with a figure of a pelican feeding its young with its own blood, a type of the labours of many personages in the composition. Behind the palms, immersed in a blaze of light, are seen Cherubim adoring the great source of all good, thus judiciously indicated by effect, instead of form. In the distance are many figures, mostly females, representing those amiable characters whose virtues ornament domestic life. An enumeration of some of the chief persons is all our limits allow. Seated next the pedestal are R. Bacon, Archimedes, Descartes, and Thales; above them are Francis Bacon, Copernicus, Galileo and Newton : Angels are unfolding to these philosophers the doctrine of Comets. The next sitting group includes Epaminondas, Socrates, Cato, the two Brutii, and Sir Thomas More; around them stand Locke, Plato, Aristotle, Bayle, etc. Next appears William Penn, showing his code of laws to Lycurgus, Solon, Numa, and Zaleucus : after Penn, Alfred the Great, the Black Prince, Peter 1, Henry IV, Andrew Doria, etc. In the centre, at the top of the picture, sits Homer; near him are Shakspeare, Milton, Fenelon, Virgil, Dante, Ossian, etc.; and below them a numerous assemblage of poets and painters of all ages.

In front, towards the right, is the figure of an Archangel weighing the actions of mankind in a balance, and below is seen the arm of a fiend, outstretched to seize his own. Tartarus is shown beyond, and on the rocks which separate it from Elysium, are seated the Angelic Guards, described in Paradise Lost, B. IV. In the upper part of the picture, on the right, the artist has glanced at the systems of the astronomers, each system being guided in its course by an attendant Angel.

141.

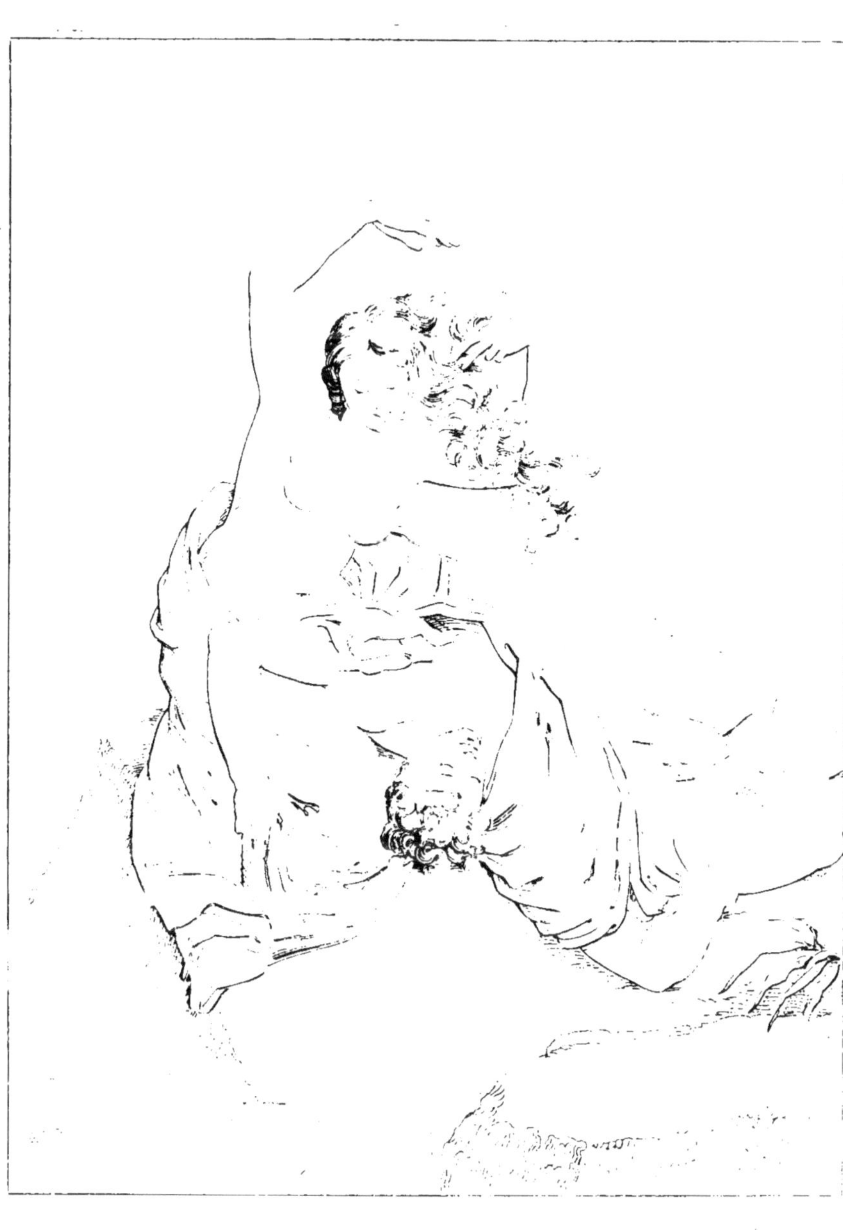

LA SIRÈNE DE GALLOWAY.

C'est au goût et aux recherches de Cromek, que l'on est redevable de la ballade romantique d'où le peintre a pris ce sujet. Une Sirène, en femme-poisson, d'une extrême beauté, fréquentait autrefois les rives du Nith et du Solway ; et la tradition a conservé plusieurs de ses traits de bienfaisance ou d'inimitié envers l'espèce humaine, selon le bon ou le mauvais traitement qu'elle en éprouvait. Un de ses plus célèbres ex_ploits est le prestige qu'elle exerça sur le jeune Maxwell de Cowehill qui, à la veille de son mariage, fut attiré par la voix mélodieuse de la Sirène et qui devint éperdument amoureux de cette habitante de l'Océan ; au moyen de ses enchantements elle se l'assura à jamais : « Elle prend une tresse de ses blonds et humides cheveux et les attache autour de la tête de sa victime ; elle forme trois nœuds dans les boucles de ses tempes brûlantes. — Sur son front elle entrelace le lis blanc de plus de neuf nœuds enchantés ; « Fusses-tu marié sept fois à une autre, tu n'en serais pas moins à moi cette nuit. » — Deux fois il cherche à lever sa tête penchée, et deux fois il ouvre les yeux ; deux fois il cherche à ôter les liens ourdis autour de son front. » CROMEK. Chants de Nithsdale et de Galloway.

Ce tableau a orné la belle collection anglaise de lord de Tabley.

Haut. : 3 pieds 10 pouces ; larg. : 3 pieds 2 pouces.

THE MERMAID OF GALLOWAY.

WE owe to the taste and industry of Cromek the romantic ballad whence the painter has taken this subject. A Mermaid of matchless beauty once haunted the shores of the Nith and the Solway; and tradition has recorded many acts of her beneficence or enmity to mankind, according to the treatment she received from them. One of her most celebrated exploits was the exercise of her bewitching influence on the young Maxwell of Cowehill, who, on the eve of his marriage, was attracted by the melodious voice of the siren, and becoming violently enamoured of the charms of this unearthly fair one, she cast her spells about him, and secured him for ever.

> She tyed ae link o'her wat yellow hair
>   Aboon his burning bree ;
> Amang his curling haffet locks
>   She knotted knurles three.
>
> She weaved owre his brow the white lilie ,
>   Wi' witch-knots mae than nine;
> « Gif ye were seven times bride-groom owre.
>   This night ye shall be mine. »
>
> O twice he turned his sinking head ,
>   An' twice he lifted his ee;
> O twice he sought to lift the links
>   Were knotted owre his bree.
>   CROMEK's Remains of Nithsdale and Galloway Song.

This picture graced Lord De Tabley's fine collection of paintings by British Artists.

Size : 4 feet, by 3 feet, 4 inches.

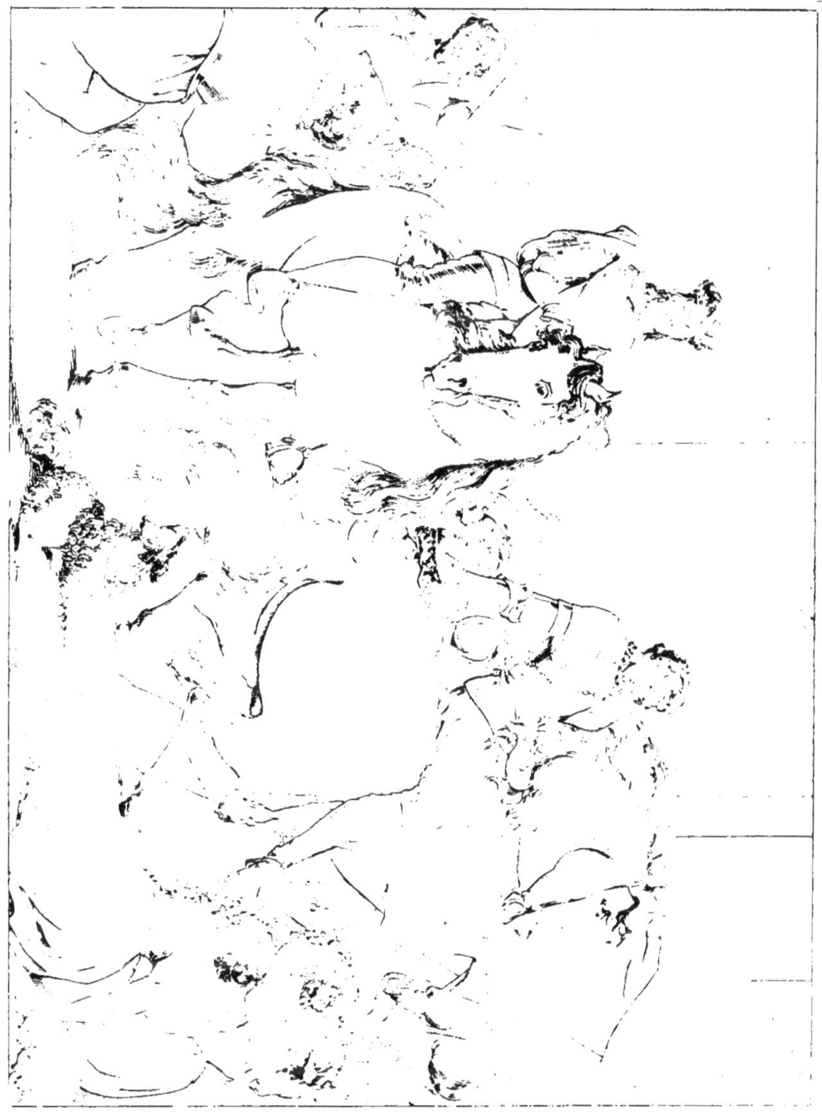

RICHARD II ET BOLINGBROKE.

Le récit que le duc d'York fait dans la tragédie de Richard II, de l'arrivée à Londres de l'infortuné monarque avec Bolingbroke, depuis Henri IV, a donné l'idée de ce tableau...
..... « Le duc, le superbe Bolingbroke, monté sur un bouillant et fougueux coursier qu'on eût cru sensible à la fierté de son maître, poursuivait sa marche à pas lents et majestueux, tandis que toutes les voix criaient : « Dieu te garde Bolingbroke! Jésus te conserve! Sois le bienvenu Bolingbroke! » lui, se tournant de côté et d'autre, la tête découverte et courbée plus bas que le cou de sa fière monture, leur disait : « Je vous remercie, mes compatriotes........ » Les yeux du peuple s'arrêtaient d'un air d'aversion sur Richard. Pas un n'a crié : Dieu le sauve! Pas une voix n'a exprimé la joie de son retour; mais on répandait la poussière sur sa tête sacrée; et lui la secouait avec une tristesse si douce, une expression si combattue entre les pleurs et le sourire, gages de sa douleur et de sa patience, que si Dieu, pour quelque grand dessein, n'avait pas armé de fer les cœurs de ce peuple, ils auraient été forcés de s'attendrir, et la barbarie elle-même eût pris compassion de lui. »

SHAKSPEARE, Richard II, acte V, scène II.

L'artiste s'est prévalu du sujet pour déployer son talent à peindre les chevaux, partie de l'art où il n'a jamais été surpassé; mais l'ensemble de la composition ne peut être placé parmi les meilleures productions de son pinceau. Peint, en 1793, pour la Galerie de Shakspeare, à la vente de cette collection ce tableau fut acquis moyennant la somme de L. 113, 8 schelings (2.975 fr. environ) par la compagnie des armuriers de Londres, et maintenant il orne leur salle dans Coleman Street; il a été gravé par Thew.

143.

RICHARD II AND BOLINGBROKE.

Tнıs picture is taken from the narrative given by the Duke
of York in Shakspeare's Richard II, of that unhappy monarch's entry into London, in company with Bolingbroke,
afterwards Henry IV.

> « The duke, great Bolingbroke,
> Mounted upon a hot and fiery steed,
> Which his aspiring rider seem'd to know,
> With slow, but stately pace, kept on his course,
> While all tongues cried, — God save thee, Bolingbroke!
> Jesu preserve thee! welcome, Bolingbroke!
> Whilst he, from one side to the other turning,
> Bare-headed lower than his proud steed's neck,
> Bespake them thus, I thank you, countrymen:
> . . . . .Men's eyes
> Did scowl on Richard; no man cried, God save him;
> No joyful tongue gave him his welcome home:
> But dust was thrown upon his sacred head;
> Which with such gentle sorrow he shook off,
> That had not God, for some strong purpose, steel'd
> The hearts of men, they must perforce have melted,
> And barbarism itself have pitied him ".

Sнакsреаre's Richard II, act V, sc. II.

The painter has availed himself of the subject to display
his skill in delineating that noble animal the Horse, in
which he is unsurpassed; but the picture on the whole
cannot be ranked among the most happy efforts of his pencil.
Painted in 1793, for Boydell's Shakspeare Gallery, on the
dispersion of that collection it was purchased for the sum
of L. 113. 8ˢ. by the Company of Armourers and Braziers of
London, and now decorates their hall in Coleman Street.
It was engraved by Thew.

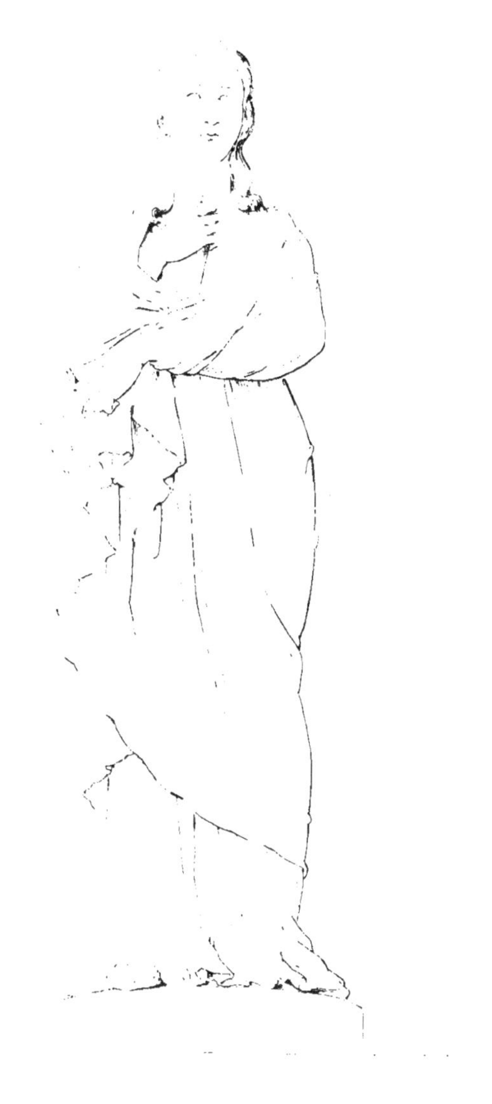

LA TRAGÉDIE.

Cette statue se trouve dans une niche à l'extrémité septentrionale de la façade du théâtre de Covent Garden. La muse tragique est vêtue d'un ample manteau dont les plis pendent d'une manière large et gracieuse. Ses regards sont tournés vers le ciel ; de la main droite elle tient un poignard et de la gauche un masque ; son calme majestueux indique une profonde méditation ; sa belle physionomie porte l'empreinte de l'angoisse mentale et une résolution inflexible, sentiments que le sculpteur a représentés avec délicatesse, et cependant avec force.

La simplicité classique de cette figure de grandeur naturelle est en parfaite harmonie avec l'édifice qu'elle orne.

TRAGEDY.

Tʜɪs statue occupies a niche at the northern extremity of the front of Covent Garden Theatre. The Tragic Muse is arrayed in an ample robe whose folds are disposed in a broad and graceful manner. Her looks are directed upward, and she holds, in her right hand a dagger, in her left a mask. Her calm and dignified aspect is expressive of profound contemplation, and on her beautiful features mental suffering and inflexible resolution are delicately, yet distinctly, traced.

The classical simplicity of the whole figure, which is the size of large life, harmonizes perfectly with the edifice it adorns.

www.ingramcontent.com/pod-product-compliance
Lightning Source LLC
LaVergne TN
LVHW010940180726
843502LV00004B/1033